ON TRUTH

真実について

HARRY G. FRANKFURT

ハリー・G・フランクファート 著　山形浩生 訳・解説

亜紀書房

装幀　水戸部　功

ON TRUTH

by Harry G. Frankfurt

Japanese translation published by arrangement with
Alfred A. Knopf, an imprint of The Knopf Doubleday Group,
a division of Penguin Random House LLC
Through The English Agency (Japan) Ltd.

真実について

ON TRUTH

ふたたびジェーンに、
結局全部、彼女のアイディア

はじめに

しばらく前に、ウンコな議論／おためごかしについての論説『ウンコな議論』（[Princeton University Press, 2005] 邦訳筑摩書房、二〇〇六年）を刊行した。その論説では、ウンコな議論／おためごかしという概念についての、暫定的な分析を行った。つまり、この概念を適用するための必要にして十分だと思われる条件を述べたのだった。私の主張は、ウンコな議論やおためごかしをする連中は、情報を伝えようとするふりはするが、実はまったくそういう活動をしていないというものだ。むしろ最も本質的なこととして、連中は自分の発言によって、話す相手の意見や態度を操ろうとしている、なりすましのインチキ屋なのだということだ。したがって連中が主に気にするのは、自分の発言がそうした操作の実現に効果的か、ということだ。それに伴い、自分の言っていることが真なのか偽なのかについては、おおむね無関心となる。

同書はまた、いろいろ他の問題も扱った。ウンコな議論／おためごかしとウソとのちがい——これは根本的に重要なのに、ほとんど検討されていない——についても論じた。私たちの文化において、ウンコな議論／おためごかしがなぜこんなに広まっていて、しかもしつこく残っているのかを説明するとりあえずの示唆もいくつか行った。そして、ウンコな議論／おためごかしが、なぜ文明的な生活の実践において、ウソよりも悪質な脅威となるのかについても論じた。

その頃は、それで十分に思えた。でも後になって、あの本ではウンコな議論／

おためごかしについての適切な議論に決して欠かせないはずの問題について、まったく触れていないことに気がついた。ある重要な前提を、読者が当然共有しているはずだと想定してしまったのだ。それは、真実に無関心だというのは望ましからぬ、いや責められるべき性質ですらあって、したがってウンコな議論／おためごかしは避けるべきであり、糾弾されるべきだ、というものだ。でも、実際問題としてなぜ真実が私たちにとってそんなに重要なのか、あるいはなぜ私たちがそれをことさら重視すべきなのかについて、あの本では慎重で説得力ある説明に類するものはまったく提供しなかったのだ――それどころか一切触れてもいない。

要するに、私はなぜ真実への無関心（私の議論ではこれこそがウンコな議論／おためごかしの決定的な要素だ）がそんなにいけないことなのか、説明しなかったわけだ。もちろん、ほとんどの人は真実にかなりの重要性を認めるし、それをおおむね自明と考えるだろう。でも一方で、真実をそれほど重要なものにしているのがズバリ何なのかについて、十分に光を当ててくれるような人々はほとんどいない。

私たちの社会が常にウンコな議論/おためごかし、ウソなどといった各種の偽りとごまかし——意図的なものもあれば、単に偶然生じたものもある——を大量に抱えているのは常識だ。でもこの負担が私たちの文明を——少なくともいまのところはまだ——なぜか機能不全にしていないのは明らかだ。人によっては、これを自己満足的にとらえて、真実なんてのは結局のところ、大して重要ではないし、人が真実を気にかけるべきことさら強い理由なんかない証拠だと考えるだろう。私に言わせれば、これは嘆かわしいまちがいだ。だから私はここで——『ウンコな議論』の一種の続編、あるいはあの著作が一種の序論となりそうな論考として——真実が実際に持っている実務的、理論的な重要性を検討したい。人々が一般に、真実がそういう役目を果たしていることを認識しているような行動をとるかどうかは、また別の話だ。

我が編集者（比類なき、手放し難きジョージ・アンドリュー）は、ウンコな議論／おためごかしがそこらじゅうにあるのはだれでも簡単に認識できる一方で、かなりの人々が頑固にも、真実などというものが——原理的にすら——あり得るということを認めないという、いささかパラドックスめいた状況を指摘してくれた。でも本書の私の議論では、真実であることと、虚偽であることに有意義な差があるという現実を受け入れる人々と、その差の有効性や、真実の何らかの客観的な現実への対応を精力的に否定する人々（それが正しいのか、あるいはそもそもそんな立場が正しいなどということがあり得るのかはさておき）とのもつれた論争を、一気にまとめて白黒つけてみたりはしない——少なくとも直接的に対決するような議論や分析を通じては。そんな論争は、決して決定的な形で解消されないだろうし、一般に報われないものだからだ。

いずれにしても、真と偽の区別の有効性や客観的な実在性を否定すると主張する人々ですら、その否定こそがかれらの真に肯定する立場なのだと断言してはばからない。真と偽の区別を否定するという主張は、自分の信念についての無条件に真な主張であり、偽の主張ではない、とかれらは固執する。かれらの教義の論述における、この一見してわかる一貫性のなさのおかげで、そもそもかれらが何を否定したがっているのか、なかなか理解しがたい。また、何が真で何が偽かという、客観的に意味や価値のある区別などないというかれらの主張を、そもそもどこまで真に受けるべきなのか怪しんでみたくもなる。

さらに、真実性や偽性という概念を定義しようという真面目な努力すべてにつきまとう、手のつけようがないほどの面倒も避けよう。そんな作業もまた、やる気を削ぐし、本題から無用に気をそらしてしまう。だから私は、こうした概念について、おおむね普遍的に受け入れられている常識的な理解を、あたりまえのものとして扱おう。自分たちが自信を持って馴染みある各種の物事——たとえば自分の名前や住所など——について、真実を述べるというのがどういうことなのかについては、みんなよくわかっている。物事についてウソをつく方法についても十分にわかっている。だから私は、読者のみなさんが、真実とウソのちがいをめぐるこうした気取りのない、哲学的に無垢な常識的理解について、何ら不安を抱いていないものと想定しよう。そうした概念を、一分の隙もないような精度で厳密に定式化して定義はできないかもしれない。でも、みんなそうした概念をおおむね知的かつ自信を持って扱えるのがあたりまえだと考えることにしよう。

もう一つ。私の議論は、真実の価値と重要性だけについてのものとなる。真実を探す努力や、それを探すときの体験の価値や重要性についてはまったく触れない。ある主張についての証拠が決定的であり、その主張の正しさについて、それ以上のまともな疑問があり得ないと認識することで、そうした検討を文句なしに完了しおおせたという満足感が得られることは多いし、ときにはその認識がかなりわくわくするものとなる場合もある。しっかりした実証で、ある主張の真実性についてのまともな不確実性はすべて文句なしに解決される。したがって当然ながら、その主張を受け入れることに対するあらゆる抵抗も消え去る。これは解放感もあり、すっきりするものだ。疑念のもたらす不安や抑制から解放してくれるし、何を信じればいいか心配するのも止められる。だから心がもっと落ち着き、ようやくリラックスして自信ある状態となる。

この種の体験は、学者や科学者ならおおむねお馴染みのものだ。また無数の一般人もこの気分は知っているはずだ。日常生活を普通に送っている中でも、こうした体験にはしばしば出くわすからだ。多くの人々は、高校の幾何学の授業でこれを教わる。一部のユークリッドの定理を見事に証明する中でそれを知り、その定理が疑問の余地なく証明されたことを、明確にはっきりと理解するのだ。

こうした体験の喜びはかなり一般的だし、まちがいなく興味深くて価値もあるものだけれど、これらについてこれ以上は論じないことにしよう。すでに述べた通り、私の関心は真実の価値と重要性にだけ向けられる。本書では何が真実かを見きわめたりしないし、それを発見しようとしたりする体験の価値や重要性も扱わない。私がここで扱うのは検討のプロセスや、それが成功裏に完了したときの話ではなく、その検討の対象だ。

以上で事前の考察と留保をすませたので、早速始めよう。真実というのは、私たちがことさら気にかける――そして気にかけるべき――ものなのだろうか？それともこの真実への愛は、実に多くの思想家や著述家が述べていることだが、それ自体が単におためごかしの一例でしかないのだろうか？

I

真実がそもそもなぜ重要なのかをずばり指摘しようとするとき、即座に思い浮かぶのは、あまりにどうしようもなく凡庸に思えつつも、実は疑問の余地なくこの問いと関係の深い、ある考えだ。それは、真実がしばしば、かなりの実用的な効用を持つという考えだ。多少なりとも機能するような社会はすべて、真実の果てしなく変幻自在な効用について、しっかりした理解がなくてはならないと私には思える。結局のところ、真実をまるで気にかけないような社会が、公共的な役割について、しっかりした判断や意思決定を行えるとは思えない。その大望をうまく追求し、問題へのしっかりした上手な対処に関わる事実について十分知らなければ、社会は花開くどころか、生き延びることすらできまい。

さらに文明が高次になれば、事実の正直で明解な報告の重要性についての意識的な敬意と、事実が何かを決めるにあたっての精度についての厳しい基準が、ますます重要になるのも当然ではないだろうか。自然科学や社会科学、さらには公共的な活動の実施は、こうした敬意と厳しさを慎重に維持しない限り、絶対に繁栄できない。同じことが、実務面でも芸術面でも言える。

口にするのも奇妙なことだが、私たちが生きるこの時代は、多くのきわめて洗練された個人たちが、真実などいささかの敬意も抱くに値しないなどと考える時代だ。もちろん周知のように、真実に対するいい加減な態度は、広報担当者や政治家たちの間ではかなり慢性的だ。中でも突出した人々となると、おためごかしやウソや、その他思いつくあらゆる偽りや捏造の大名人だ。これも常識だし、すでにお馴染みの話だ。

だが最近では、この態度の類似バージョン——あるいはむしろ、そのもっと極端なバージョン——が、もっと信用できそうな階級に属する人々の間ですら、困惑するくらい広まっている。真実の重要性（あるいはそれと関連して剽窃を禁止するという、長い伝統のある規定）に対して、恥ずかしげもなく懐疑論や皮肉を述べる人々が、ベストセラーや各種の賞を受賞する著述家たちの間にも見られるし、これまで尊敬されてきた歴史家、伝記作家、回顧録作家、文芸理論家、小説家たちの中にも見られる——そして、もう少しまともな見識を持っているとだれよりも期待されるはずの哲学者の間にすら見られるのだ。

こうした恥知らずの常識否定論者たち——一般に「ポストモダニスト」を自称する小集団に属する人々——は、真実にはまともな客観的実在性などまったくないと、反逆的かつ独善的に否定してみせる。そこからかれらは、真実が当然受けるべき尊重や敬意に多少なりとも値することを否定する。それどころか、責任ある探究や思考において完全に根本的となるだけでなく、表面的にはまったく無害に思えるような、ある想定を激しく否定する。「何が事実か」というのが有益な概念だという想定、あるいはそれが最低でも、理解可能な意味を持つ概念だという想定を否定するのだ。一般に事実や真実が尊重や敬意を受けるにふさわしいかについて、ポストモダニストたちは、結局のところどうとでも言えると考える。かれらに言わせると、それは単にものの見方の問題でしかない。

言うまでもなく、私たちの多くはかなりしょっちゅう、ある主張が真実であり、他のものは偽だと、意識的に自信を持って同定する。でもポストモダニストたちは、この慣行が疑問の余地なく普遍的に受け入れられていても、まったく動じることがない。それ以上にいささか驚いてしまうのだが、かれらは事実や真実による、しばしば価値ある成果や帰結に対してもひるむことがない。こうしたどうしようもない頑固さの理由は、何が真で何が偽かについての区別は、最終的には個々人の見方次第で、それを上回るほど文句なしに客観的だったり、議論の余地のない権威によって導かれたりはしていないからだという。あるいは、このドクトリンの別の変種によると、真偽を決めるのは個人の視点ですらない。もっと具体的には、それを決めるのは厳しい政治経済的な要件や、強力な動機付けを行うような社会的習慣や慣習が押しつける制約なのだ。ポストモダニストたちがことさら頼る論点は、まさに次のようなことだ。人が真実と考えるものは、その個人の視点でしかないか、あるいは複雑で逃れがたい社会圧力によって、その人物が真実と見なすよう制約されているだけのものなのだ。

この論点は私に言わせれば、あまりに軽薄すぎるだけでなく、いささか鈍重に思える。ポストモダニストたちやその他の人々が何と言おうと、エンジニアや建築家などが本当の客観性を実現しようとするしかない——そしてときにはそれに成功している——というのは疑問の余地がないはずだ。そうした人々の多くは、自分たちの計画実施に内在する障害についても、そうした障壁に対処するために使えるリソースについても、おおむね信頼できる精度でかなり上手に見きわめられる。かれらの設計や建設物においては、慎重に実施された計測が決定的な役割を果たす。個人の視点への依存が含意するような、不安定な変動や無意味な気まぐれにそうした計測が左右されるとは、とても本気では考えられない。またそれらが、社会規範やタブーなど、しばしば恣意的でどうでもいい要求に流されるというのも、同じくらい考えにくい。それらが厳密であるべきなのは当然だが、厳密さだけでは不十分だ。そうした計測は、どんな条件下でもどんな視点からでも安定したものでなくてはならず、そして正確でなければならない。

仮に、通常の荷重しかない状態で橋が崩落したとしよう。そこから何がわかるだろうか？　最低でも、その橋を設計した人か、建設した人が、何かかなりひどいまちがいをしでかしたということだ。直面する各種問題に対処するためにかれらが考案した解決策の少なくとも一部が、致命的にまちがっていたということが明らかになる。

同じことがもちろん、医療でも言える。医師は病気や怪我への対処法について、しっかりした判断を下そうと努めねばならない。したがって、かれらはどの薬品やどの治療法が、まちがいなく患者を助けそうか、知る必要がある。役には立たなそうな薬や治療法も見分けがつくべきだし、どれが有害そうかも判断できる必要がある。

正気の人間なら、真実について気にかけないような建設業者に頼ったり、そんな医師に治療を委ねたりはしないはずだ。作家、芸術家、音楽家ですらそれなりの方法で、物事を適切に行う方法を知らねばならない。少なくとも、あまりにまちがいすぎるのは避けられなければならない。クリエイティブな仕事の過程では、どうしても大きな問題に遭遇するはずだ――たとえば技法やスタイル面での問題などだ。こうした問題への対処方法には、大きな優劣がある。どれか一つの方法が議論の余地なく正しい唯一の方法だということはないのかもしれない。それでも、多くの代替手法は明らかにまちがっている。実際、一部のものは明らかに議論の余地なく、とにかくひどいものだということがすぐわかる。

こうした文脈のすべてにおいて、物事の正しい把握と、まちがった把握とでは、明らかな差があり、したがって真と偽の間には明確なちがいがある。確かに、歴史的な分析や社会評論の場合は話がちがうと主張されることも多いし、特にそうした分析や批評が一般に含んでいる、人や政策の評価だと真偽ははっきりしないとも言われる。この主張を支持するありがちな議論というのは、そうした評価が常に、それを行う人々の個人的な状況や態度に大きく左右されているというものだ。だから歴史分析や社会批評などが、厳密な形で公平かつ客観的だとは期待できないという。

確かに、こうした問題では主観性の要素は逃れがたい。でもこれを認めた場合でも、そこには重要な制約がある。つまり真面目な歴史家などが示すはずの事実解釈の変動幅は限られたものでしかないということだ。現実のある側面については、最も大胆な――あるいは怠惰な――主観性への耽溺ですら決して侵犯できない。ジョルジュ・クレマンソーが、未来の歴史家が第一次世界大戦について何と言うか想像してほしいといわれたときに行った有名な答えは、この精神に基づくものだ。「かれらは、ベルギーがドイツを侵略したとは言わないだろう」というのがその答えだった。

2

それでも、多くの人々は、規範的（つまり評価的）な判断は、真か偽かという形で適切に判断できるものではないと——ときにいささか独善的に——思いこみおおせている。かれらの見方では、その種の判断は実は何ら事実面での主張をしてはいない——つまり正しいかまちがっているかのどちらかとなる主張は含まれないというわけだ。かれらの信念ではむしろ、そうした判断は個人的な気分や態度を表すものでしかなく、それは厳密にいえば、真でもなければ偽でもない。

はい、もしそうだとしても評価的な判断を受け入れたり拒絶したりするには、文句なしに非規範的な他の判断——つまり事実に関する主張——に基づかなくてはならないというのは、相変わらず明らかだ。だから、ある人物が不道徳かどうかをきちんと判断するには、道徳的な欠陥の具体的な証拠となりそうな、その人物の行動例を示す事実の主張に基づくしかない。さらに、こうした人物の振るまいに関する事実面の主張は真実でなければならず、そしてそこから評価的な判断を導くための理由付けも有効でなければならない。さもないと、そうした主張も理由付けも、結論を有効な形で正当化するには役に立たない。それらに基づく評価が筋の通ったものだということをまったく示せないのだ。

だから、何が真で何が偽かという区別は、評価的または規範的な判断を検討するときにも、決定的な関連性を持つ。これは、その判断そのものに対しては真偽の区別が直接的には適用されないと認めても成り立つ。自分の行う評価が真でも偽でもないと認めることもあるだろう（それが賢明と判断されるなら）。でも、事実関係の主張や、そうした評価を支持するための理由付けについて、そんなことを言うわけにはいかない。

同様に、自分たちが選択し、追求しようとする目的や目標の説明や確認にあたっても事実の主張は不可欠だ。もちろん多くの思想家たちは、人々の目的や目標——少なくとももっと大きな野心実現に役立つという実用的な価値だけで選ばれていないもの——の選択が、合理的に正当化できるとはまるで認めない。人々はむしろ、たまたまの気分や欲望にしたがって目的や目標を採用するだけなのだ、とかれらは固執する。

でも、人が自分の欲しいもの、愛するもの、自分がコミットするものを選ぶときには、それらについての信念に基づいている場合が大半なのはまちがいない——たとえば、それが自分の富を増してくれるとか、健康を守ってくれるとかいう具合に、こちらの利益に何らかの形で貢献してくれると思うから選ぶわけだ。だから、目標やコミットメントの説明や確認にあたって人々が頼る、事実をめぐる主張の真偽は、人の態度や選択の合理性にどうしても関わりを持ってくる。各種の事実判断が正しいかどうかわからなければ、自分がやったような形で物事を感じたり選んだりすることに意味があったのかも、わかりようがない。

だからどんな社会でも、真実を軽蔑したり軽視したりはできない。でも、真偽がやっぱり正当で重要な概念なのだと認めるだけでは不十分だ。それに加えて、重要な真実の獲得と活用に献身するような、有能な個人を後押しして支援するのを社会は怠ってはいけない。さらにおためごかしや偽り、あるいは単なるウソを通じてどんな便益や報酬を得られても、社会は真と偽との間のちがいに対するいい加減な無関心を育むような、人やものは容認できないのだ。まして、事実に対して忠実であることが「自分に正直」であるよりも重要性が低いなどという、貧相でナルシスト的な態度を弄ぶなどなおさら不可能だ。そんな態度こそまさにまともで秩序だった社会生活に本質的に逆らうものなのだ。

これらのどのやり方であれ、無謀かつ一貫性ある形で怠慢であり続けるような社会は、必ずや衰退するか、最低でも文化的に不活発となる。どんな重要な成果も挙げられないのはまちがいないし、一貫性を持つまともな希望も一切持てないだろう。文明は、信頼できる事実情報が大量になければ、お互いに健全な形では決してやってこられなかったし、これからもできないはずだ。またまちがった信念が困った形ではびこっていれば、繁栄することもできない。先進的な文化を樹立して維持するためには、まちがいや無知に足を引っ張られないようにするべきだ。だからきわめて多くの真実を知る必要がある——そしてもちろん、そうした真実を生産的に活用する方法も知らねばならない。

これは社会的に不可欠というだけではない。それは、個人としての私たち一人一人にもあてはまる。人生を送るにあたってだれでも必ず直面する、無数の危険や機会をうまくさばいてきりぬけるには、真実が必要だ。食べられるものや食べられないものについての真実を知る必要はあるし、何を着るべきか（気候条件に関する事実を前提に）、どこに暮らすか（地殻の断層や雪崩の多さ、店舗や職場や学校との距離などを前提に）、さらには報酬をもらう活動をどのように行うか、どうやって子供を育てるか、出会う人々についてどう考えるか、何が達成できるか、何を達成したいかなど、各種のつまらないながらも重要な事柄の果てしない変種について、真実を知る必要があるのだ。

私たちが実行することすべて、したがって人生すべての成功と失敗は、私たちが真実に導かれているか、それとも無知のままや偽情報に基づいて先に進むかで決まる。それはまた、その真実をどう使うかにも決定的に左右される。でも真実なしには、出発する前から命運は尽きている。

人は本当に、真実なしでは暮らしていけないのだ。うまく生活する方法を理解するために真実がいるだけでなく、どんな形であれ生き延びるためには真実がいるのだ。そして、これは簡単に無視できるようなことではない。だから人は少なくとも暗黙のうちには、真実が重要だということを認識せずにはいられない。結果として、人は（これまた少なくとも暗黙のうちには）真実というものが無関心でいてもよいような、信念の一特性などではないということも、理解せずにはいられない。それを無視するのは、単に注意散漫なだらしなさの問題にとどまらず、すぐに致命的なものになる。すると、真実が自分にとって重要だということを人が認識する限り、多くのことについての真実を求めたり、その獲得のための苦闘をやめるなどということは、まともに容認などできない、ということになる。

3

でも、こう尋ねることもできるだろう——まっとうで理性的であることなど、そもそも人間にとって大して意味を持つのだろうか？　私たち人類は、合理性や理性の要件をしばしば無視し、回避する才能があり、しかもその才能をしばしば行使してきたので悪名高い。ならば、真実を真剣に受け止めるという合理性に不可欠な条件を、人々が尊重して守るなどということは、まったくありそうに見えないのでは？

そうあっさりと人間を見放す前に、一七世紀の傑出したポルトガル＝オランダ＝ユダヤ人哲学者、バールーフ・デ・スピノザの重要な（そして願わくば役に立つ）思想をこの議論に持ち込ませてもらおう。スピノザは、ここで私たちが問題にしているような種類の合理性を人々が楽しめるか、それを心穏やかに受けいれられるか、愛おしいと思うかどうかに関わらず、その種の合理性は人々に強いられるのだ、と主張した。好きだろうと嫌いだろうと、人は本当にそれに従わざるを得ない。スピノザによると、人々は愛のためにそうせざるを得ない。

スピノザは愛の性質を次のように述べている。「愛とは、外部の原因の観念を伴った喜び以外の何物でもない」（『エチカ』第三部定理一三、備考）。「喜び」の意味として、かれはそれが「［その個人が］より大なる完全性に向けて進むための（中略）情熱に伴うもの」（『エチカ』第三部定理一一、備考）なのだと述べている。

おそらく多くの読者は、こうしたいささか漠然とした定言をかなりわかりにくく感じるだろう。確かに、まったく理解不能なほど曖昧に思える。さらにスピノザ思想の生産的な使用を妨げるこの障壁を考えなくても、そもそもかれが愛について、多少なりとも権威を持って語れるような資格があるのか、と問うのは決して不当なことではないだろう。なんといっても、かれは子供もなく、結婚したこともなく、どうやら長続きしたガールフレンドさえいなかったらしいのだから。

もちろん、スピノザの私生活をめぐる詳細は、ロマンチックな、夫婦間の、親としての愛について語る資格以外の点については、正当な関連性は何もない。でもスピノザが愛について書いたときに実際に考えていたのは、このどれにもあてはまらない。それどころか、かれが考えていた愛というのは、だれであれ人間を対象とするような種類の愛ではまったくなかった。かれが何を念頭においていたのか、説明してみよう。

スピノザは、あらゆる個人には本質的な天性（自然）があって、人はその存在を通じ、その天性を実現して維持しようとするのだと確信していた。つまり、各個人の根底には、その個人の最も本質的なものになり、それを維持しようとする、生得的な衝動があるのだ、と信じていたわけだ。スピノザが「［その個人が］より大なる完全性に向けて進むための（中略）情熱」と述べたとき、かれは生存と、自分の本質的な天性を満たすような形での成長とを行うために、その人物の力を補うような、外部から引き起こされた（だから「情熱（passion）」――つまり、自分の行動により生じたのではなく、受動的（passive）な変化――なのだ）何かについて述べているのだ。こうした目標実現のための個人の能力が高まると、その実現能力増大には、活力の増大の感覚が伴う。その個人は、自分の最も真なる存在となって、それを持続させるための、もっと活力ある能力の拡張を認識する。したがって、もっと十全な自分となったように感じる。もっと十分に生きている気持ちになれる。

スピノザは、この活力増大の体験——自分の真の天性を実現し維持する能力の拡大についての認識——が、本質的に人を高揚させると考えている（そして私もそれが十分に妥当だと考える）。その高揚感は、活力をもたらすような肉体運動をしたとき、肺や心臓や筋肉の能力が、通常よりも負担の多い形で引き出されたときに人々がしばしば感じる高揚感にも比肩すると言えるかもしれない。活発に運動しているとき、人々はしばしば運動の前の、自分の能力をあまり完全かつ直接的に認識しておらず、活力の気分で満たされていないときに比べ、もっと完全かつ鮮明に生きているように感じる。スピノザが「喜び」について語るとき、たぶんそうした体験が念頭にあったのだと私は思う。思うにかれの考える喜びというのは、自分が己の最も正真な性質にしたがって生き、生き続ける力が拡大する感覚なのだろう。

さて、喜びを体験する人物が、その喜びに何らかの外的な原因があると気がついたら――つまり自分に喜びをもたらし、その喜びが依存しているような対象として、だれかまたは何かを同定したなら――スピノザは、その人物がまちがいなくその対象を愛していると考える。かれの考える愛とはそういうものだ。愛とは自分に喜びを引き起こすものに対する反応なのだ。するとこの説明によれば、人々は自分にとっての喜びの源を、どうしても愛してしまうことになる。自分が存在を続け、もっと完全に自分自身となるのを助けてくれるはずのものを、人は例外なしに愛する。私には、少なくともここでのスピノザは正鵠を射ていると思える。多くの代表的な愛の実例は、多かれ少なかれストレートな形で、スピノザの定義するパターンを示している。人々は確かに、「自分自身を見つける」のに役立つと感じるものを愛しがちだ。「自分の本当の姿」を発見させてくれて、自分の本質的な性質を裏切ったり妥協させたりせずに、人生にうまく直面させてくれるものを愛しがちだ。

愛の本質的な性質についての説明に、スピノザはこれまた正確に思える観察を付け加えている。「愛する者は必然的に、その愛する対象を現実に所有し、それを維持したがる」（『エチカ』第三部定理一三、備考）。人の愛するものは、明白かつ必然的に、その人物にとって貴重なものだ。その人生、さらには個人的な正真性の実現とその継続的な享受が、それにかかっているからだ。だから、その人物は当然それを保護し、それがすぐに自分に提供されるような状態を確保しようとする。

スピノザは、ここから導かれることとして、人々は真実を愛さずにはいられないと考えた。なぜかといえば、自分が生き続け、自分を理解し、自分自身の天性と完全に調和して暮らすためには、真実が不可欠だと認識せずにはいられないからだ。自分個人の天性、その固有の能力やニーズ、そして生き延びて繁栄するために必要なリソースの有無や、その正しい使い方に関する真実へのアクセスなしには、生活はきわめて深刻な困難に直面するはずだ。自分にとって適切な目標を設計することもできないし、ましてそうした目標を有効な形で追求しようもない。自分の活動を続けることが、全般にどうしようもなくむずかしくなってしまうのだ。

だからスピノザの主張によれば、真実を軽蔑したり無関心だったりする人物は、自分自身の生を軽蔑し、それに無関心な人物なのだ。自分自身に対するこうした敵対的で軽率な態度はきわめて稀であり、維持困難だ。だからほとんどの人——自分の人生を重視して気にかけるあらゆる人物——は、意識していなくても真実を愛しているのだとスピノザは結論付けた。私の見る限り、スピノザはこの点でおおむね正しかった。実質的に私たちすべてが実は真実を愛している。意識していなくてもそうなのだ。そして、人生の問題にうまく対処するために何が必要かを認識しているなら、私たちは真実を愛さずにはいられないのだ。

4

これまで私が、真実に関する議論の中で扱ってきたのは、本質的には実用的な――つまり副次的な、功利的な――考え方だった。さらにそれは、分配的に理解された「真実」――つまりそれ自体で別個の実在として定位され検討されるような、何か謎めいた種類の存在を指すものではなく、各種の個別主張に帰属する（またはそれらに「分配」されている）特徴であり、それがあれやこれやの真の主張を特徴付ける限りにおいて出くわせるものとしての真実――に関連した検討だった。これまで私のやってきた検討は、社会や個人の野心や活動をうまく設計し追求するのに貢献する、真実の有用性に関するものだった。それは、その真実が真実であるということだけで獲得される有用性だ。この効用は、真実の特徴の中でも理解しやすく、見すごしにくく、まともな話のできる人物であれば、まったく否定できないものだ。それは、人々が真実について――真実であるという性質について――気にかけ、それを自分にとって重要なものと考えるべき最も明らかで基本的な理由を提供してくれる。

頑張って少し先に進んでみよう。真実の持つ、明らかな実用的効用を考え始めたとき、何らかの形でごく自然に浮かんでくる疑問について考えることで、真実の重要性に関する理解を拡大できるかもしれない。それは、なぜ真実はそうした効用を持つのだろうか、という疑問だ。何かが真だということと、それが多大な実用的価値を持つということの間にある説明上のつながりとはどういうものだろうか？　それを言うなら、そもそもなぜ真実に少しでも有用性があるのだろうか？

この質問に答えるのはさほどむずかしくない。少なくとも、どこから答えに手をつけるべきかはすぐわかる。活発な生活に従事しているとき、あるいは各種の実務的な事柄を計画し、取り組もうとするとき、私たちは現実への取り組みを行っている（その現実の一部は自分で作ったものだが、大半はちがう）。私たちの努力の成果――およびその成果が私たちにとって持つ価値――は少なくとも部分的には、そこで扱っている現実の物体やできごとの性質に依存する。それは、その現実の物体やできごとがどんなもので、それが自分の関心にどう関係して、その因果的に関係ある特徴からして、自分の行動にどう反応するかによって決まってくる。

真実に実用的な価値があるとすれば、それはそうした現実の性質をとらえ、伝えるからだ。真実に実務的な効用があるのは、真実というものが行動するときに人が対処しなくてはならない、現実の物体やできごとの性質（これは特に因果的な力や可能性を含む）についての正確な記述で構成され、したがってそうした記述を提供できるからだ。

それなりに成功の期待を抱きつつ自信を持って行動できるのは、その人が関連した情報を十分に持っている場合だけだ。自分のやることや、その過程で登場しそうな問題や機会について、十分な知識が必要となる。十分に知るというのは、ここでは目下のプロジェクトや懸念に対して決定的に重要となる事実――つまりは現実――について十分に知るということだ。言い換えるとそれは、知的な形で目標を形成し構築するために必要なだけ、そうした現実について知るということだ。

そうした真実を把握したとき——つまりそれが本当に真実だと認識したとき——目下自分にとって関心ある世界の側面が、本当はどういうものなのかを把握したことになる。それにより、自分に真に提供されている可能性はどんなものかを理解し、何を現実的に期待できるかもわかるようになる。言い換えると、それは——少なくともある程度は——その領域についての土地勘を与えてくれる。

さて、関連する事実というのは、それについてこちらがたまたまどんな信念を抱いていようとも、おいそれと変わるものではない。これこそまさに、事実性の本質であり、それを定義付ける特徴だ。現実の性質、したがってその性質に関する真実は、人の意思によるいかなる直接的なコントロールとも独立して存在しているのだ。単なる判断の行使や欲望の衝動だけでは、事実を変えることはできないし、事実に関する真実にも影響を与えることはできない。

真実を知っていれば、行動をしっかりした形で、現実の性質そのものにより導いてもらえる。事実——事実の真の性質——は探究において最終的で文句なしに頼れるものとなる。それはあらゆる不確実性と疑念に対する究極の決定的な解決と反駁を形成し、支持するものとなる。私は子供の頃、しばしば各種の大人たちが押しつけようとしていると感じた、あり得ないような概念や信念の混沌としたごたまぜによって、抑圧されているような気分になることが多かった。思い出せる限り、私自身の真実への献身は、ひとたび真実を把握すれば、もはや（自分を含む）あらゆる人物の憶測だの、直感だの希望だのに気をとられたり、邪魔されたりする必要はなくなるという、解放的な確信が発端だった。

知る必要のある真実を把握すれば、起きてほしいことについて、さらに各種の行動がもたらすであろう結果について、その分だけ筋の通った判断ができる。これは、そうすることで自分の扱っているものについておおむね完全な認識が得られるからだし、またあれやこれやの行動に関係してくる物体やできごとが、こちらの行動にどう反応するかわかるようになるからだ。だから世界のある部分では、真実を知ることで多少はくつろいで安心感を持って動き回れるようになる。環境を構成するものの中で何が重要かを知ることにより、それをどこで見つければいいかがわかるし、衝突せずに自由に動き回れる。世界のその領域においては、いわば我が家に帰ったような気分にもなれるわけだ。

言うまでもなく、その「我が家」はさほど魅力的でもなければ、行きたくもない場所かもしれない。おっかない落とし穴や罠だらけかもしれない。それが直面を強要してくる現実は、危険で醜いかもしれない。待ち受けるものに対して自信を持って対決できるどころか、それにうまく対処できる自信などまったく持てないかもしれない。それどころか、生きてそこを出られるかどうかも怪しいかもしれない。

人によっては、現実の中にはあまりにおっかなく、あまりに手強くてやる気をなくさせるものもあるから、そんなものについては知らぬが仏だ、と言うかもしれない。でも私の判断では、対処しなくてはならないような事実に直面するほうが、知らずにすませるよりもほとんどあらゆる場合にマシだ。結局のところ、現実から目を背けたところで、その危険や脅威はいささかも減らないのだから。さらに、それがもたらす危険にうまく対処できる可能性は、物事をありのままに見るようにできたら、まちがいなく高まる。

　これは外部世界の現実の場合と同じくらい、自分自身の内面的な傾向や性格に関する真実についてもあてはまると思う。人は自分が本当に欲しいもの、最も自分を満足させるもの、自分が好きに動くのを大きく阻害してしまう不安について、ちゃんと認識する必要がある。きちんとした自己知識は、まちがいなくことさら実現がむずかしいものだし、自分が何者かについての真実には、がっかりさせられることも当然ある。だが人生を成功裏に送ろうという努力の中で、自分自身についての不穏な真実に直面する用意というのは、外部世界で自分が何に直面しているかという優れた理解だけよりも、さらに重要な資産となるかもしれないのだ。

真実なくしては、私たちは物事がどんな状態かについて、まったく意見が持てないか、あるいはまちがった意見しか持てなくなる。どのみち、自分がどんな状況にあるのかはわからない。身の回りの世界や自分の内面で何が起こっているかもわからない。こうした問題に関わる何らかの信念があったとしても、それはまちがった信念だ。そしてまちがった信念は当然ながら、適切な対処の役には立たない。しばらくは、知らぬが仏でいられたり、嬉々としてだまされたりしているかもしれない。そしてその場合には、人々を脅かす各種の困難にもかかわらず、その人は一時的にはことさら怒ったり戸惑ったりせずにすむかもしれない。でも最終的には、無知やまちがった信念は状況を悪化させるだけの可能性が高い。

無知と錯誤の問題点は、もちろんそれが人を手探り状態においてしまうということだ。必要な真実を欠いた人々を導くものといえば、自分自身の無力な憶測や妄想、あるいは他人のピント外れであてにならない助言だけだ。だから自分の行いを計画するにあたり、無知な当てずっぽうを繰り出し、うまくいくよう震えつつ期待するしかない。自分がどこにいるかもわからない。めくらめっぽうに飛び、手探りで、おそるおそる進むことしかできない。

こうした考えなしの手探りは、しばらくは十分にうまく行くかもしれない。だがまちがいなく、それは最終的にはヘマにつながり、困った事態を引き起こす。必ずや遭遇するはずの障害や危険を避けたり、克服したりするだけの知識がないからだ。それどころか、手遅れになるまでそうしたものにまったく気がつかない羽目になる。そしてその時点ではもちろん、そうした障害や危険の存在には、すでに自分がそれにやられてしまったという認識を通じて気がつくことになるわけだ。

5

古来からの定義によれば人間は理性的な動物だ。合理性は人の最も特徴的な性質だ。それが他のあらゆる生物と本質的に人間を分けるものだ。さらに、人間は理性こそ人を他の動物より優れた存在にしているのだと納得してきたし、またそう納得するだけの理由もある。いずれにしても、理性こそは私たち人間が、最も一貫して頑固に誇る特徴だ。

だが、真実と偽りのちがいを認めないなら、合理的・理性的に機能しているなどとはまともに言えない。合理的であるというのは、根本的には理性や理由付けに対して適切に反応するということだ。さて、理性・理由付けというのは事実で構成される。雨が降っているという事実は、雨が降っている地域にいる、濡れたくない人々にとっては、傘を持つ理由となる——もちろん決定的な理由ではないかもしれないが。雨が何かを理解し、傘が何をするかを理解している合理的・理性的な人はだれでもこれを認識できる。同じ論点をちょっとちがった言い方でいうと、ある地域で雨が降っているという事実は、その地域で濡れたくないと願う人が傘を持ち歩く理由となる。

その地域で雨が降っているというのが本当に事実である場合に限り——つまりは、「その問題の地域で雨が降っている」という主張が真実である場合に限り——その事態に関する事実か、それについての命題が、だれかに傘を持ち歩く理由を与えることになる。偽の命題は、いかなるものについても合理的・理性的な支持をもたらさない。だれにとっても実効性のある理由にならない。もちろん偽の命題の持つ含意を引き出す（つまり演繹する）ことで自分の知的な力量を示すことはできる——言い換えると、その命題が偽ではなく真だったとしたら、合理性によりどのような結論が正当化されるかを示すわけだ。この演繹的な推論力の柔軟性や強靱さの実演は、おもしろいこともあるし、ときには感動的な実践だったりもする。またそれを実演する人の中に、ある種の本質的ではない、空疎な虚栄を育むことさえあるだろう。だが通常の条件下では、そんなことに大した意味はない。

　つまり真実と事実性の概念は、合理性の行使に意義深い内実を持たせるのに不可欠なのだ。それは合理性という概念そのものの理解にさえ不可欠だ。それなくしては、合理性という概念に意味はなくなるし、合理性そのものが（とはいえ、事実性や真実の欠けた状態での合理性というのがどんなものになるのやらわからないが）まるで使い物にならなくなる。合理性が他の動物に対して人間にことさら優れた長所を与えてくれると考えるためには、自分たちを次のような生き物だと考えるしかない。すなわち、事実や、事実に関する真の命題が、各種のことを信じ（または信じず）、そして各種行動を行う理由を与えてくれるにあたり不可欠だということを認識する生き物だと考えるのだ――そうでなければ、人はそもそも自分を理性的・合理的な生き物と考えることすらできない。真と偽のちがいに対する敬意がなければ、人間ご自慢の「合理性」などないも同然だ。

6

真実という概念と事実性という概念との間には密接な関係がある。あらゆる事実について、それに関連する真なる命題がある。そしてあらゆる真の命題には事実が関連している。また、真実という概念と信頼や自信・安心という概念との間にも密接な関連がある。そうした関係は、「真実（truth）」という単語と、いささか古くさい英語の「troth」とのかなりはっきりした類似性を見れば明らかとなる（語源への言及はしばしばおためごかしに付きものだ。が、ここは我慢してほしい。あるいはお望みなら、自分で調べてみてほしい。

もはや現代的な用法とはいえないが、いまでも婚約式（betrothal）や結婚式では、男女双方が「真実の約束（troth）」を交わす。お互いが相手に真実の約束（troth）を誓うというのはどういう意味だろうか？ それは双方が、お互いに対して真実／誠実であると約束するということだ。二人の個人は相互に、道徳や地元の慣習で定められた各種の期待や要求を満たしあうことにコミットする。お互いに相手に対し、自分が真実／誠実だと信頼していいという保証を与える（少なくとも、そこで問題になっている要求や期待を満たすという範囲においては）。

もちろん、人々が信頼しあうのが重要となる場合は婚約や結婚だけではない。社会やコミュニティ的な関係は一般に、その形や様式は様々ながら、他の人々が全体として信頼できるというそれなりの信頼水準があってこそ、初めて効率よく調和のとれた形で機能できる。人々が全体として不正直で信頼できないのであれば、平和的で生産的な社会生活という可能性そのものが脅かされてしまう。

おかげで一部の哲学者はかなり強硬に、ウソが人間社会のまとまりを決定的に壊してしまうと主張するに到った。たとえばイマニュエル・カントは、「真実なくして社会的なやりとりや会話は無価値となる」と宣言している（『倫理学講義』）。そしてウソをつくことがこのように社会を脅かすのだから、「ウソは常に他人に害を与える。特定の人物に被害を与えないにしても、やはり人類一般に被害を与えるのだ」（『愛他的な動機によるウソをつく権利と称されるものについて』）。ミシェル・ド・モンテーニュも似たような主張をしている。「人々のやりとりは、言葉という手段だけで実施されているので、偽りを述べる者は社会にとっての裏切り者である」（『ウソをつくとは』）。「ウソは呪われたる悪徳である」とモンテーニュは宣言した。そして読者に対していささか極端なほどの強調ぶりでこう付け加えた。「［ウソをつくことの］恐ろしさと深刻さを人々が認識してくれさえするなら、それを他の犯罪よりも当然のものとして火あぶりの刑に処すであろう」（『ウソつきについて』）。言い換えると、ウソつきは――他のどんな種類の犯罪者よりも――生きながらにして焼かれるべきである、というわけだ。

モンテーニュとカントの主張にはもちろん一理ある。だが誇張もある。有効な社会的やりとりは、かれらが主張したように、人々がお互いに真実を語ることに厳密に依存しているわけではない（ちょうど呼吸が、酸素なしにはまったく不可能ながら、酸素だけに厳密に依存しているわけではないのと同様、と言ってもいい）。また会話は人々がウソをついたからといって、その価値をすべて本当に失うわけでもない（本物の情報はウソを通じても伝わることもあるし、会話の娯楽的な価値がウソでかえって高まることさえある）。結局のところ、世の中で実際に行われている各種のウソや不正な表現の総量（計測できないほどのおためごかしの洪水ですら、そのうちほんのわずかな一部でしかない）は莫大なものなのに、それでも生産的な社会生活はなんとか続きおおせているのだから。人々がしばしばウソや他の欺瞞的な行動を行うからといって、そうした人々との共存ができないとか、かれらとの会話から利益を引き出せないということにはまるでならない。単に、用心は必要というだけのことだ。

人々がこちらに対して物事をごまかしている場合と、率直に対処している場合とを、信頼できる形で区別する自分の能力をそこそこあてにできる限り、人はウソや詐欺だらけの環境でもかなりうまくやっていける。他人の正直さに対する普遍的な信頼は、人が自分自身にある種の自信を持ってよいのであれば、必ずしも本質的とは言えない。

確かに、人はかなりあっさりだまされる。さらに、これがいつものことだというのを自分でも知っている。だから、だまそうとする試みを見分ける自分の能力について、確固たる正当な信頼を維持するのは、なかなか容易ではない。このため、社会的なやりとりは確かに、真実に対する広範で理不尽な軽視によりひどい負担を強いられる。だが社会をこの重荷から守ろうという意思は、真実を気にかける最も根本的な理由にはならない。こちらにウソをついたり、その他各種の形で真実軽視を示したりする人々に出会うと、私たちは怒り、気分を害することが多い。だがモンテーニュとカントがおそらく考えていたのとはちがい、人々が怒ったり気分を害したりするのは、遭遇した虚偽が、社会秩序を脅かしたり妨げたりするのを恐れるからではない。主な懸念は明らかに、市民としての懸念ではない。ウソつきへの反応として内心で最も即座にかきたてられるのは、公徳心ではない。もっと個人的なものだ。一般に、深刻な公共の利益が直接関与しているような事柄を人々がごまかす場合を除けば、私たちはそのウソつきが公共の福祉に対して与えている危害よりも、私たち自身に対するかれらの行いにがっかりしているとが多いのだ。そうしたウソつきが、全人類を裏切ったかどうかにかかわらず、人々の心に反発心をかきたてるのは、かれらがまちがいなくこちらに傷を負わせたからなのだ。

7

それならウソはどのように人を傷つけるのか？　実のところ、だれでも知っている通り、ウソが本当の意味ではまったく人々を傷つけないような、お馴染みの状況がいくらもある。ときには全体として、ウソが本当に有益な場合さえあるかもしれない。たとえば、ウソは何らかの形で物事のある状態から人を守ってくれるかもしれない。そういう状態を知ったところで、（自分も含む）だれも何も得るものがなく、逆に知ることで深刻な苦悩が自分や他の人々に引き起こされるような場合だ。あるいは、魅力的に見えても実は善より害をもたらす行動を防いでくれるウソもある。明らかに、いろいろ考えてると、ウソをついてもらったことでかえって自分のためになったような場合が、ときどきあることは認めざるを得ないはずだ。

だがそうした場合にすら、私たちはそのウソつきの行為がまちがいなく何か悪いものだったと感じてしまう。そこだけ見れば、そのウソをありがたく思うべきかもしれない。だがそのウソが結果的にどんなよい結果になっても、心の奥底で人々は、そうしたよい結果がウソに頼らず真実にこだわり続けることで実現されたらもっとよかった、と信じている。

ウソの持つ最悪な点は、それが物事の本当の状態を理解しようという自然な努力を邪魔し、妨げようと策謀するということだ。それは何が本当に起こっているか知るのを阻害するよう設計されている。ウソをつくことで、ウソつきは事実が実際とはちがったものだと信じるよう人々を惑わす。ウソつきは自分の意思をこちらに押しつけようとするのだ。自分の捏造を、世界の本当の姿に関する正確な説明として受け入れるよう仕向けるのだ。

ウソつきがこれに成功すれば、人は関連する事実に直接かつ信頼できる形で根ざす世界観ではなく、そのウソつきの想像力に源を持つような世界観を獲得してしまう。私たちの暮らす世界についての理解がそのウソにより形成されるなら、それは空想の世界になってしまう。それは必ずしも最悪の世界ではないかもしれない。だがその想像の世界は、終の棲家としてはまったく役に立たない。

ウソは人々の現実把握を損傷するよう設計されている。だからそれはきわめて本当の意味で、人々の頭をおかしくするように意図されている。それを信じたら、人の頭はそのウソつきがでっちあげた空想、妄想、幻想に占拠され、操られる。その人が現実として受け入れるものは、他の人が直接的な形ではどうやっても見たり触れたり体験したりできない世界だ。だからウソを信じる人物は、「自分だけの世界」――他人が入れず、そのウソつき自身も本当に暮らしているわけではない世界――に暮らすよう制約されてしまう。だからウソの被害者は、真実をどのくらい奪われているかにもよるが、人々の共通の体験の世界からは締め出され、他人が見つけたりたどったりできるような道のない、妄想の領域に孤立させられる。

つまり真実や、真実への配慮が持つ人々との関わりは、日常的な実務的関心だけにとどまらない。もっと深く、被害の大きい重要性があるのだ。現代詩人の中で最有意義な一人、アドリエンヌ・リッチは、ウソがそれを語る人物に必ず与える邪悪な影響について書いている――これはそのウソを聞かされる人物に対する有害な影響とは別のものだ。詩的な厳密さで、彼女は「ウソつきは口にもできない孤独の存在を生きる」と述べている（アドリエンヌ・リッチ「女と名誉：嘘についての覚え書」『嘘、秘密、沈黙。アドリエンヌ・リッチ女性論』[New York, 1979], p.191、邦訳晶文社、一九八九年、三一六頁)。その孤独を口にできないのはまさに、ウソつきは自分がウソをついたことを明かさなければ、孤独であること——自分の捏造世界にだれもいないこと——さえ明かせないからだ。自分の考えを隠し、信じていないことを信じているふりをすることで、他の人と完全にふれ合うのも不可能になってしまう。そのウソつきの本当の姿にだれも応えられない。そして人々は、応えられていないということすら気がつけないのだ。

ウソつきは、ウソをついているときには、自分自身が知られることを拒否する。これは被害者たちにとっては侮辱だ。当然それはかれらのプライドを傷つける。というのもそれは、通常はおおむね当然と思われているような人間の親密さの基本的な様式を否定するものだからだ。その親密さとは、他の人が何を考えているか、何を思っているかを知るということで生じる親密さだ。

リッチに言わせると、ウソはもっと深刻な被害を産むことさえある。彼女はこう述べる。「個人的な関係でウソをつかれたとわかると、人はちょっと頭がおかしくなったような気分になってしまう」（アドリエンヌ・リッチ『嘘、秘密、沈黙。』, p.186、邦訳三一五頁）ここでもまた彼女の洞察は実に明解だ。ほとんど知らない相手に対処するときには、その相手が話すことが、その人物の本当に信じていることと一致しているかどうか、多少は意図的な評価を下さねばならない。そしてこの評価は通常、その人物が行うある特定の主張だけに関するものとなる。これに対して親しい友人の場合には、この条件はどちらも緩和される。友人なら特に深く考えることすらなく、正直だろうと思ってしまう。友人の言うことなら何でも信用するし、それは別に相手が真実を述べているのだと胸算用で確認したからではなく、相手と一緒だと快適で安全に感じるから信用するのだ。よくみんなが口にするように「あいつは絶対ウソをついたりしない、とにかくわかってる」というわけだ。

友人相手なら、アクセスと親密性の期待は当然のものとなる。それは計算ずくの判断に基づくのではなく、自分の気持ちに基づくものだ——つまり関連した客観データに基づくのではなく、主観的な体験に基づいている。友人を信頼するという傾向が本質的な人間の天性だというのは、たぶん言い過ぎだろう。でも、友人を信頼するというのが人々にとって「第二の天性」だとは十分に言えるだろうし、また実際に本当にそういう言い方をすることもある〔訳注：第二の天性 second nature は、強い習慣などを指すときの英語の常套句〕。

だからこそ、リッチが述べるように、友人にウソをつかれたと知ったときには、心の中にちょっと頭がおかしくなったような気分が生まれるのだ。その発見は、自分自身についてであることを暴露してしまう——それは単に自分が計算をしくじったとか、判断ミスをしたとかいうよりはるかに心乱れるものだ。それは自分の天性《ヽヽヽ》（または第二の天性）が信頼できず、信頼すべきではない相手に頼るよう自分を仕向けてしまったということを露わにする。真と偽を区別する自分の能力――つまりは現実とそうでないものとのちがいを認識する能力――が、実はあまり信用できないものだとわかってしまうのだ。友人をだましおおせるというのは、もちろんウソをつく側が悪い。でも、そのごまかしの被害者にも欠陥があるということでもある。ウソつきはその相手を裏切るが、被害者のほうも自分の気持ちに裏切られているのだ。

自分に対する裏切りが頭のおかしい状態につながるのは、それが不合理性の明白な印だからだ。合理性の核心にあるのは一貫性だ。そして行動や思考での一貫性のためには、少なくとも自分で自分の足をすくってはいけない。アリストテレスは、ある行為者が合理的に行動するというのは、自分の行動を「平均」――つまり過剰と欠乏の間の中庸――に準拠させることだと示唆した。ある人が健康のために、あまりに貧相だったりあまりに豪勢だったりする食事法を採用し、おかげで健康が改善するどころか、以前よりもかえって不健康になってしまったとしよう。アリストテレスは、こうした自分の狙いをダメにする自滅性こそが、平均から逸脱するというその人物の実務的な不合理性を示すという。

同様に知的な活動は、論理的な一貫性の欠如により阻害される。ある考えの流れが矛盾を生み出したら、それをさらに発展させた考察も阻止される。頭がどの方向に向いていたにせよ、それは差し戻されてしまう。すでに排除したことを受け入れるか、あるいはすでに受け入れたことを否定するしかなくなる。だから、自分の目標を阻害する行動と同じく、矛盾した思考はそれが自滅的だから不合理なのだ。

信頼できるのが当然の相手にウソをつかれたと知ったとき、自分の堅持する信頼の感覚には頼れないことが思い知らされる。信頼を抱ける人を見分けようとする努力が失敗したことから、自分の自然な感覚に裏切られたと悟る。自分の感覚は、真実を獲得するよりはそれを見失う結果をもたらしたのだ。自分の天性に基づいて自らを導けるという想定は自滅的なものだと判明し、したがってそれは不合理だというのが明らかになってしまった。すると、自分が天性からして現実から遊離していることがわかったので、自分が少々頭がおかしいのだと感じるのも無理はない。

8

個人の人間関係におけるウソについてのリッチの思想がいかに鋭く啓発的であるように見えても、この問題には、他のほとんどあらゆる問題と同じく、コインの裏面がある。別のすばらしい詩人——それどころか実は最高の詩人かもしれない人物——はいささかちがう物語を述べている。以下はシェイクスピアの、魅力的ながら挑発的なソネット一三八番だ。

恋人が、自分は真実だけから成ると誓うとき
そのウソを承知で私は彼女を信じる
彼女が私を何か素朴な若者と考え
この世の偽りの細部をまだ知らぬと思っているのだと。
だから私がすでに盛りを過ぎていると知っているのに
彼女が私をなんだか若いと考えていることについて
私はあっさり彼女の偽りの舌を信じる‥
かくして双方でこの単純な真実は隠される。
だが何故彼女は己の不正を言わぬのだろうか？
そして何故私は自分の老いを語らぬのか？
ああ、愛の最高の習慣とは信頼に見えるもの
恋する老人は歳を語られたくはないものだ。

だから私は彼女に、彼女は私にウソをつき
そのウソにより二人の欠点は寿《ことほ》がれる。

広く受け入れられているドグマとして、恋人同士には信頼が不可欠だ、というものがある。シェイクスピアはこれを眉唾だと思っている。このソネットでのかれの見解は、恋人たちにとって一番いいのは――「愛の最高の習慣」――実は本物の信頼ではないというものだ。単に「信頼に見えるもの」も同じくらいよいか、ときにはそのほうがいいこともあるというのだ。

シェイクスピアの詩の女性は、完全に正直だと主張する――「自分が真実だけから成ると誓う」――が、相手の男が自分の知る実年齢よりも若いと信じているようなふりをして、偽りをはたらく。男のほうは、女性が本当はそんなことを信じていないと知っているが、それでも正直だという彼女の自称を受け入れることにする。だから男は、彼女が本当に自分の年齢に関するウソを信じていると信じ込む、つまりは彼女が本当に、男は実際よりも若いと信じているのだと思いこむことにする。

女は、自分がとても正直だとウソをつき、男の騙《かた》る年齢を信じるとウソをつく。男は自分の年齢についてウソをつき、自分は完全に正直だという彼女の主張を信じるかどうかについてもウソをつく。二人ともこれをすべて承知している。お互いに相手のウソは知っており、お互いに自分のウソがばれているのも知っている。でも二人とも、相手が文句なしに正直なのだと、偽って見せるのだ。このウソの集まりにより、「信頼に見えるもの」で結ばれた恋人二人は、自分自身についての虚栄的なウソ――自分が完全無欠に正直だとか、魅力的なまでに若いとか――が受け入れられたと信じることが可能になる。そしてこのように、お互いにウソをつくことで、結局二人は幸せにウソをつきあうという結末を迎える。

さっき、ウソの欠点の一つはウソつきが、自分の本心へのアクセスを拒むことで、基本的かつ一般に想定されている人間の親密性の形を否定してしまうことなのだと述べた。そうした否定が、シェイクスピアが描くこの状況に当てはまらないのは明らかだ。このソネットの恋人たちは、お互いの心の中に何があるかを知っているだけでなく、その背後に何があるかも知っている。お互いに、相手が本当は何を考えているか知っている。そしてお互いに、相手がそれを知っていることも知っている。二人はお互いにあっけらかんとウソをつくのだが、どちらも騙されてはいない。お互いに相手がウソをついていることは知っているし、お互いに自分のウソが見透かされているのも知っている。

どちらの恋人も、実は何もごまかしおおせてはいない。どちらも、両者が幾重にも重ねた、詐称の試みの合わせ鏡状で多層な複合物の中で、本当は何が起きているか理解している。すべてが二人にはほっとするほど見え透いている。恋人たちの双方は、二人の愛がそのウソによりいささかも傷ついていないという確固たる認識を持つ。二人とも、聞かされてきたあらゆるウソを通じて、そして自分自身のついてきたあらゆるウソを通じて、自分たちの愛が真実を知っても生き続けるということがわかるのだ。

このウソつきカップルが共有する親密さは、お互いのウソを認識し、しかも自分自身のウソがうまく相手を騙しおおせていないと知ることで、ことさら深く楽しいものになっているのだろうと私は思う。二人の実現する親密さは、真実を隠すために、意図的で高くつきかねない試みをしてきた、それぞれの心の奥底にまで広がっている。だがそのすべてにもかかわらず、二人はお互いが相手を見通しているのを理解した。お互いの隠された奥底は露わにされた。お互いが相手の奥底を占拠し占拠されたという認識、そしてこの相互のウソの見通しが、すばらしいことにお互いの詐称の実践を愛の真実に導いたという認識は、実にすばらしく美味なものにちがいない。

通常、私はウソつきを奨励したり容認したりはしない。ほとんどの場合、全面的に真実を支持する。それでも、シェイクスピアがそのソネットの中で描いたような状況をウソにより実現できるという自信があるなら、私としては、どんどん行け！と言いたい。

9

真実は、いわば個別の真実という単位で実用的な価値を持つ。というのも、役に立つのは個別の具体的な真実だからだ。真実の実務的な価値は、技術者にとっては材料の張力や弾性といったものに関する主張という形であらわれるし、医師にとっては、たとえば白血球の数などの主張、天文学者については天体の軌跡の記述などにあらわれる。

こうした真実の探求者や利用者たちは、必ずしも真実そのものを気にかけているわけではない。かれらは個別の事実を主に気にしており、そうした事実が支持するような洞察を気にかけている。そのためには、事実性とか真実とかいった抽象的な概念について気にする必要はない。かれらは、特定の探究領域に属する事実に関する真実について知りたいだけなのだ。かれらがことさら興味を持っている、特定の問題について、かれらが真実だと考え、したがって有用だと考える信念の集合を獲得したら、その好奇心は満たされる。

だが、個別の真実の価値に関してすでに述べた、いささか一般的な示唆とは別に、真実そのものの価値については何が言えるだろうか？　出発点として、真実そのものの価値というとき、あるいは真実そのものについて気にかける理由があるのか、と尋ねるとき、いったい何を尋ねているのかをはっきりさせよう。いやさらにその前に、そもそも真実を重視して気にかけるというのがどういう意味なのかについて――具体的に、実務的な話として――本当に明確にしておくべきだ。個別の真実の入手と活用についてだけ気にかけるのではなく、真実について気にかけるというのは、実際のところどういうことなのだろうか？

一つにはもちろん、真実について気にかける人物は個別の真実の把握の強化と拡張を気にかける。特に、ことさら興味深かったり、ことさら価値が高そうな真実は気にかける。真実を気にかけるというのは、他のことも意味する。それまでは知られていなかったり、はっきりしなかったりする、重要な真実を見きわめ理解することに満足をおぼえ、そしてそうした活動を愛する者の特別な喜びを見出すこともあるだろう。また、すでに私たちが手にしている真実の理解を歪曲し、貶めようとする試みからそれを守るという活動もある。そして一般に、社会の中でできる限り、無知やまちがいや疑念、歪曲よりも真実の信念を、積極的かつ安定して好むよう奨励する活動もある。こうした望みが、特定の問題についての特定の真実を探すのに献身している人々の間で、心底共有されていると考えてまったく問題はあるまい。実際、こうした望みを無価値だと思うような人を見つけるほうがむずかしいはずだ。

いずれにしても、真実を気にかけるというのは、人生においても文化においても、個々の真実の蓄積を気にかけるのとはかなりちがった役割を果たす。そこにはもっと深い、普遍的な意義があるのだ。それは事実についての好奇心や、探究の重要性についての根拠と動機を提供してくれる。真実が私たちにとって重要であるという理解があればこそ、真実の蓄積を気にかけるようになる。これは確かに、真実の効用に関するさっきの話の蒸し返しと大差ないのは認めざるを得ない。でもここには、それ以上の話がある。それはもっと哲学的に豊かな物語であり、単に私たちの実務的なニーズや利害だけに関わる話ではない。

自分が世界の中で別々の存在であり、自分でないものとはちがうというのを学ぶのは、自分の意図実現に対する障害にぶちあたるときだ——つまり自分の意思実現に対する反対に直面したときだ。体験のある側面が自分の願い通りにならないとき、それどころかまったく頑固でこちらの利益に対して敵対的ですらあるとき、そのときにそれが自分の一部ではないのだということが明らかになる。それが自分には直接的に左右できないことが認識される。むしろ、それが自分とは独立した存在なのだということが明らかとなる。これが現実という概念の起源だ。現実とは要するに、自分を制約するもの、自分の単なる意思の動きだけでは変えたり左右できたりしないものを指す概念なのだ。

自分たちがいかに制約されているかをますます詳しく学び、そして制約の限界がどこにあるかを学ぶにつれて、私たちは自分自身の持つ境界を描き出し、それにより自分自身の形を見分けるようになる。自分ができること、できないことを学び、実際に自分に可能なことを達成するためにどんな努力を行う必要があるかも学ぶ。自分の強さと弱さを学ぶ。これは自分たちの個別性について、ますます実感を与えてくれるにとどまらない。それは自分という、固有の存在を定義してくれるのだ。

このように、私たち自身のアイデンティティの認識と理解は、自分自身と決定的に独立して存在する現実についての認識から生じるし、そしてその認識に不可分に依存している。言い換えると、それは自分が直接的にコントロールを及ぼすとはまったく考えられないような、事実や真実があるという認識から生じ、そしてそれに依存しているのだ。そうした事実や真実がないなら、つまり世界がすべてあっさりと、自分の望み通り、好きな通りのものになってしまうのであれば、自分自身をそれ以外のものとは区別できなくなってしまうし、自分自身が特にどういう存在なのかという感覚もなくなってしまう。頑固なまでに独立した現実、事実、真実の世界についての認識を通じてのみ、人々は自分自身を他人とはちがった存在として認識し、自分自身のアイデンティティの持つ固有の性質を語れるようになる。

ならば、どうして事実性と現実性の重要性を真面目に受け取らずにいられるだろうか？　どうして真実を気にかけずにいられるだろうか？

そんなことはできないのだ。

訳者解説

本書はHarry G. Frankfurt, *On Truth*（2006）の全訳となる。

フランクファートは（これまでの二冊の邦訳書解説でも書いたとおり）道徳哲学の重鎮とされている。が、もちろん「道徳哲学」などというサブ領域はおろか哲学そのものがいまやマイナーきわまりなく、そこの重鎮と言われても多くの人はピンとこないだろう。他にどんな人がいるの、と言われても、この訳者も答えに窮する。

世間的なフランクファートの名声はむしろ、二〇〇五年になぜか刊行された（実際に書かれたのはずっと前）、題名も中身も人を食ったような（物理的に）薄っぺらい名著*On Bullshit*（邦訳『ウンコな議論』）が、どういうわけかベストセラーになってしまったことによるものが大きい。そして本書は、この『ウンコな議論』の直接的な続編となる。

本書の背景 その1：おためごかし／ウンコな議論

『ウンコな議論』という邦題は、ときに罵倒語のような形でも使われる原題のニュアンスを残そうという苦肉の策ではあって、意味としては、おためごかしについての本だ。ぼくたちはおためごかしを始終耳にする。そして自分でもしょっちゅう口にする。それは発言の中身が何も重要性を持たない言説であり、ただの場つなぎだったり、なんとなくそれを言う人を偉そうにみせるための言説だったり、様々だ。

この役割を考えると、おためごかしの特徴は、それが真か偽かはどうでもいい、ということになる。その場しのぎで何かもっともらしく時間をつぶせればいい。まったく意味をなさなくても、それっぽい単語や専門用語を並べられればいい。

そういう発言の大半はもちろんいい加減でまちがったものになりがちだ。でも、ウソではないけれどあまりに漠然とした一般論を言うだけのおためごかしも多い。こちらは真か偽かと言われれば真だけれど、でもそれは実は真であることはどうでもいいのだ。そこで重要なのは、その人が何かそこでなんとなくそれらしい言葉でそれっぽいことを言った、ということだけだ。

『ウンコな議論』でフランクファートは、こうしたおためごかしの特徴をまとめ、さらにそれを真面目に批判した。こうした発言は、あまり真剣にはとらえられておらず、空疎で無内容だが無害と思われている。でも、フランクファートによれば、これは実は非常に危険なものだ。それはウソよりもひどいのだ、と。

なぜか？　そこには真実に対する敬意が欠けているからだ。ウソは、真実でないことを意図的に言うことだ。そこには、真実に対する配慮が少しはある――それを否定する、という意味での配慮ではあっても。もちろん、本当のことを言お

新　刊

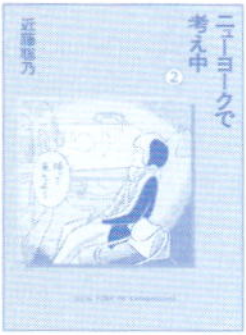

ニューヨークで考え中（2）

近藤聡乃 著　A5判変型／164P

単身ニューヨークに渡って早9年。アメリカ人の恋人との
婚、新婚生活、日本で暮らす家族とのやりとり、大好きな
からの引っ越し……などなど、つれづれNYライフはまだ
だ続く。人気コミックエッセイ第2弾！　1,000円＋

午后のあくび

コマツシンヤ 著　A5判／176P

ヘンテコなことがあぶくのように湧いてくる、ここは
玉町。この街に住むOLのひび野あわこさんの“うたかた
日々”を綴った、心にすっとしみこむ、キュートなショー
マンガ。　1,000円＋

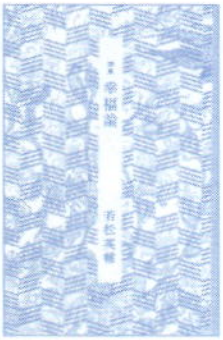

幸福論

若松英輔 著　四六判変型／116P

幸福はどこにあるのか？幸福の小さなきらめきを静かにつ
ぐ。批評家、随筆家として知られる若松英輔による待望の
2詩集。

1,800円＋

郷里

佐々木義登 著　四六判／256P

三田文学新人賞受賞作「青空クライシス」をはじめ短編の
手が危うさと淡い狂気を抱えた人々を描き出す待望の作
集。「郷里」をまっすぐ、時の影のように描いて忘れがた
余韻を残す全六篇。吉村萬壱氏推薦。　1,600円＋

食と健康の一億年史

スティーブン・レ 著／大沢章子 訳　四六判／328P

人類は何を選びとり、何を食べて生き延びてきたのか？
昆虫、果物、肉魚、植物などを我々の祖先が食べるようにな
た歴史的経緯や食べなくなった理由などを、1億年を俯瞰し
進化史の見地から鮮やかに示していく。　2,400円＋

うとして、結果的にそれがまちがっていてウソだった、ということもあるだろう。その場合でも、真実は明確に意識されている。

ところが、おためごかしはそれがない。すでに述べたように、真か偽かはどうでもいい。その場で何か発言者がポーズをとりつくろい、視聴者にその発言内容そのものとは関係ない何らかの印象を与えればいいだけだ。それは、言葉のありかたとしてきわめて不誠実なものであり、そういうおためごかしを多用する人々は、真実を意に介さないことで、真実を貶めてしまう。そしてそうした発言をする人が増えれば増えるほど、社会の中での真実の価値が貶められてしまう。だからこそ、おためごかし/ウンコな議論はきわめて有害なのだ、というのがフランクファートの主張だった。

さてほとんどの人は、この主張に一理あることは認めるだろう。もちろん、なんだかんだ言いつつ、しょせんはおためごかし。昔からいくらでもあるもので、それをここまで大仰に憂慮してみせる必要はあるのだろうか？　社会や文明を揺るがすものとまで言えるのか、また言えるにしても言う必要があるのか？

とはいえ、確かにそれが決して感心したものでないのもわかる。くだらない埋め草や無意味な場つなぎのはぐらかしに苛立った経験はだれしもあるものだし、そういうのが世の中を非効率にしているのも実感としてある。その意味で、一理はあるけれど、一理止まり。この本がアメリカでベストセラーになったのも、人々が世の中のおためごかしの多さを憂慮して本書の主張に共感したから、ではないだろう。bullshit という普通は罵倒語的に使われる用語が、立派な哲学者による真面目な考察対象として扱われ、まったく場違いな哲学書の棚に平然と並んでいたのがおかしいのと、そしてまた字が大きくて薄く、比較的安かったので冗談アイテムにも好適だし、おかげでたまたま何らかの偶然でバズった、ということだろう。邦訳でも、それをベストセラーにしたおもしろさ――一般に哲学の対象と思われている高尚な概念とはかけはなれた、かなり俗っぽい概念を敢えて真面目に論じてみせたしかつめらしさ——を強調するために、少々もったいぶった訳し方にした。

とはいえ、ベストセラーになってしまうと、それを深読みする人もマジレスする人も当然出てくる。かの本がベストセラーになったのを、何か当時の社会状況の反映であるとするような書評は腐るほど登場した。二〇〇五年当時なら、たとえばブッシュジュニア大統領によるイラク侵攻について、大量破壊兵器を保有しているからと称してやってみたら実はなかったという茶番のようなできごとは、まさにおためごかしによるデタラメな政治活動だとされたし、その際に当時のラムズフェルド国防長官の行った「世の中には既知の既知があり既知の未知があり未知の既知があり云々」という判じ物めいた説明もまた、おためごかしの最たるものとしてやりだまに挙がった。そうしたネタを持ち出し、世の中 bullshit が多いよねー、それを反映してか最近まさに bullshit についての本が出て、そこにはそうした物言いの多発は社会と文明の危機だと指摘されているので、やはり世も末だブッシュ許すまじ、といったような書評がそれに類するものだ。もちろんこうした「書評」は、実は書評なんかではなくて、単に書いた人が世相批判をしたいだけだ。本自体の価値をきちんと考えたものではない。その意味で、こうした書評もある意味ではおためごかし、ではある。

その一方で、かの書に対する別の批判も登場した。このおためごかし／ウンコな議論を批判する本それ自体がおためごかしでありウンコな議論だ、というものだ（何か批判を受けたときに「オマエモナー」と言い返すと、それで何か反論できたような気分になる不思議な人たちがいるのは、日本だけではない）。こうした主張としては、まず単に「それがどうした」というものがあった。そんなことはだれでも知っていることで、おためごかしの定義でしかなく、それを（薄いとはいえ）本一冊に引きのばすというのはまさに、あたりまえのことについてあれこれと無意味な屁理屈をこねることで、「どうだすごいだろう」と悦に入ってみせるだけのポージングだ、というわけだ。つまりこれは、『ウンコな議論』こそは文章の中身よりはそれを語ってみせる自分を誇示するという、まさにおためごかしのウンコな議論なのだという批判だ。

だがそれよりもっと強い意見として出てきたのは、かの本がよって立つ価値観、つまり真偽の重要性への批判だった。真実なんかない、とその批判は述べる。したがって、真実の価値が貶められるとか、それが軽視されるとか、ましてそれが社会や文明にとって憂慮すべきことだ、などという主張自体がナンセンスとなる。

本書『真実について』は、そうした批判に対する直接的な答えとして書かれたものだ。

本書の背景　その2：真実などない説

真実などない、という主張については、実は『ウンコな議論』の最後の一ページほどでもかすかに触れられている。客観的現実などない、あるいは、あるにしても人間はそれに対して信頼できる形でアクセスできないから、物事の実際の姿、現実、真実などは知りようがない、という主張だ。フランクファートはそれを、特にポストモダニズムの懐疑論や「反現実主義」と呼び、それこそが各種のおためごかしやウンコな議論の蔓延に貢献している、と言う。

真実や事実がなければ、人は何を基準に行動し、動けばいいのか？　そうした論者によれば、それは誠実さであり、自分らしさだ。自分が自分に誠実に、正しいと思ったことをやればそれでいい、というわけだ。フランクファートによれば、そんな主張自体がまさにおためごかしのウンコな議論の最たるものとなる。なぜかと言えば、「自分」などというものは、他の人や他のものとの関係の中でしか決まらないからだ、というのがフランクファートの議論だ。だから自分を自分たらしめる外の現実がない状態では、誠実だの自分らしさだのといった物言いが成り立たない。

『ウンコな議論』では、こうした議論についての記述はわずか一ページ。しかもあまり本気で相手にしているようには見えず、軽く一蹴という印象だ。もっとも一部の書評子は、この部分こそ実はフランクファートが最も言いたかった部分ではないかと当初から勘ぐっていた。

本当にそれがフランクファートの主要な仮想敵だったのかどうかは不明だ。でも、どうやら『ウンコな議論』に対する物言いとしては、この一派からの攻撃が多かったらしい。この『真実について』はまさに、この『ウンコな議論』最後の一ページを丸一冊（といっても薄いものだが）に拡張したものだからだ。

さて、フランクファートはこうした論者からの批判を具体的に挙げてはいない。このため、その批判の細かい内容は不明だし、またその批判者がどういった流派の論者だったのかもわからない。というのも「真実などない」「現実などない」という主張にも様々な派閥があるからだ。

とはいえ、この種の哲学の派閥分類を始めるには、とても紙幅が足りない以前に、訳者としてもそこまでの知見はない。そもそもそうした議論の大半が常人から見れば「そんなことを考えてどうする？」としか思えない空論や屁理屈だったりする一方で、その多くはまさにその空論のアクロバットぶりを競い合うようなところすらあり、あまりまともにつきあう気にはなれない。

が、いちばん根底のところでは、デカルトの「我思う、故に我在り」的な考え方がある。人々が認識している「現実」というのは、しょせんはぼくたちが五感を通じて各種の刺激を通じた情報を得て、それを処理した結果を「現実」として認識しているにすぎない。だから夢を見たり、幻覚剤を摂取したりすることで人々はそこには存在しないものも「現実」として認識してしまう。脳に電極をつながれて刺激を与えれば、これまたないものを感じてしまう。外から磁気をかければ、人によっては幽霊を見たり感じたりしてしまう。極端な話、ぼくたちはみんな、映画『マトリックス』の電池人間たちのように、でかいバーチャルリアリティの中で生きているだけなのかもしれない。仏教的に、色即是空、空即是色ですべては己の心に映る仮の姿でしかないといった考え方もこの一種だ。

ここから「すると結局何も直接はわからないので現実はない」としてみたり「ないとは言わないがあるとは言えない」とか、「現実はあるっちゃあるけど、でもみんな見方がちがう、またはそのすべてを観察することはできないから、抽象観念にとどまるよね」とか、あれやこれや。

するとあとは、そうした外部の情報を人がどのように処理して、頭の中で「現実」を構築するのか、という話となる。これは言語から入ってくる考え方もある。人の現実認識は言語に規定されているので、言葉がなければ人はその現実を認識できないという説だ。エスキモーのある部族が雪に関する語彙を六〇種類くらい持っているので、同じ雪景色でもまったくちがう現実が認識されるとか、色を表現する言葉が多い言語はそれだけカラフルな現実を体験しているとか。一部の民族は、今日と明日を表す言葉が同じなので、そうした人々は時間の直線的な経過という概念がなく、今日と明日が区別されない円環的な時間を持つ世界の中に住んでいるのだ、といった議論まである。

あるいは古今東西、人はまわりに流されやすい。ないものも、まわりの人が「ある」と言えばあったような気になる。だから人は自分の属している文化とか、あるいはそこにある考え方の枠組みである「パラダイム」なるものに操られて現実認識を変えるのだ、という。

そしてこれによれば、いまのぼくたちが通常は重視する、客観的で科学的な世界観／現実認識というのも、実はある西洋文明という特定の文化パラダイムの産物でしかない。ぼくたちは、たとえば世界は多段重ねの亀の背中に乗っているのだ、という現実認識を持つ人々に対して、いやそんな亀どこにいるのよ、実験して飛行機や人工衛星を飛ばしてみれば地球は丸いし、そんな亀がいないのはわかるでしょう、と思う。でもそれは、ぼくたちがいまの西洋文明の世界観にとらわれてそう思っているだけであって、つまりはある種の集団妄想の産物でしかなく、亀の背中の世界を主張する人の世界観と何ら変わらないのだ、とこうした論者は言う。

そしてこうした主張は、すぐに政治化する。真実や事実や現実というものが存在し、それは（ある程度までにせよ）検証できて人々の間で共有可能だという立場は、ある一つの見方、つまり西洋という一文明の集団妄想にすぎない科学的な「現実」だけを「正しい」とする立場である、というわけだ。そういう立場は西洋の勝手な価値観と文化の押しつけであり、つまりは悪辣な帝国主義であり植民地主義であり、グローバリズムと英米市場原理の暴力であり人種差別である！あらゆる文化は平等であり、科学的な現実も亀の背中の現実もすべては同じ価値を持ち、現実認識として尊重しなくてはならない！

こうした主張は、必ずしも完全に否定すべきものではない。物事にはいろいろな見方があるのだよ、というのは確かだ。見方やとらえ方次第では、同じ「現実」もちがった意味を持つ。ある種の文化的なバイアスは確かに存在する。科学的な見方、客観的な観察などでとらえきれない部分を、別の見方や考え方が示してくれるケースは考えられる。科学的だろうと何だろうと、ある見方が不十分である可能性は常に存在する。

でも、どんな見方にも大なり小なり不十分なところがあるからといって、だからどんな見方もまったくの妄想だ、という話にはならない。同様に、どんな見方にも大なり小なり根拠や理屈はあるのだろう。だからといって、あらゆる見方が等価であり何でも言った者勝ちで成り立つのだ、ということにはならないはずだ。が、とんでもない極論が「根源的な思考」だの「徹底した妥協なき思索」だのと称してもてはやされてしまいがちな分野では、まさにすべてが妄想で、すべての世界観は等価、したがってどんな見方もあり得る以上、事実も真実もないという に等しい主張がしばしば登場する。さらにそこに、ハイゼンベルグの不確定性原理だのゲーデルの不完全性定理だの情報宇宙論だのを聞きかじって、ほら見ろ実は現代科学や数学の世界でもこの世の現実も論理もゆるふわのいい加減なものだと証明されているのだ、と変な誤解をして得意顔の人々もいる。

本書『真実について』

　さてすでに述べたとおり、こうした立場から出た『ウンコな議論』批判は要するに、そんなあいまいではっきりせず、立場によっていくらでも変わる「事実」を尊重するとかしないとかいうこと自体がナンセンスなので、それに基づいておためごかしがいいとか悪いとかいうのはナイーブか、まったくの愚論だ、というものだ。

　そうした議論がそもそも登場したこと自体に驚きつつ、フランクファートは本書を書いている。

　その最初の立場は、功利主義とも言うべきものだ。事実や真実はまず実用面で役に立つ。真実や事実を前提にしなければ、建物も建たないし橋もできない。スマホも車も動かない。医療も成り立たない。人々の相互理解やコミュニケーションに必要な共通基盤さえ持てないから、文明文化も発展しようがない。

でももちろん、様々な主張の中には、真か偽かはっきりしないものがある。しも決めかねる。それでも、そうした主張の前提となる情報がある。「民主主義は優れている」といった主張は、様々な見方があって、真か偽か必ず「民主主義は優れている」という人は、民主主義が他の制度に比べて成功した事例なり統計なり、あるいは論理的な理由付けを持っている。そうしたものは客観性を持った事実や真実だったり、そうでなかったりするはずだ。確かにそうした判断が、勝手な思いこみや信仰だったりする場合もある。それでも、そうした信念は、何らかの根拠や期待に基づいている。そこには真偽が関わってくる。

そして真実や事実に基づかない場合、そうした信念はヘマをもたらし、人々をつまずかせるばかりだ。それがなければ、人の理性などというものもあり得ない。

事実や真実がないなら「理」というのもないからだ。フランクファートはスピノザの議論を紹介し、真実や事実を認めずに「自分らしさ」にひきこもる立場を批判する。まさに自分らしさを実現するためにこそ、人は真実や事実を愛さずにはいられない、というのがスピノザの主張なのだ、と。

そして人々が真実や事実を語らずウソをつく場合、それは相手を傷つける。それが「知らぬが仏」「ウソも方便」というような場合や、こちらのためになるウソである場合にもそうだ。ウソをつかれ、それを信じてしまった人は、現実と切り離された妄想の世界に入り込まされる。同時に、自分の真偽判定能力も疑問視せざるを得なくなる。それ故に、ウソは善意のものであっても人を傷つけるのだ、と。だからこそ、そうした人は真実や事実にできる限りこだわらねばならない。

そしてシェイクスピアのソネットに登場する、ウソをつきあい、そしてお互いがウソをついていることも、それが相手にバレていることも知っている恋人たちの、なれ合いプレイじみたウソをめぐるちょっとした寄り道のあとで、最後にかれは事実や真実について、それが自分の外にあり、自分が思っただけでどうにかなる存在ではないことを指摘する。そういう存在があるからこそ、それとの関係の中で「自分」なるものが決まってくる。現実などなく、すべてはその人の思いこみと信念と妄想の産物だ——そういう主張はつまり、すべては自分だというに等しい。でももし自分以外のものがないなら、自分とは何かを見極めることさえできない。自分自身についての省察もあり得ない。

だから真実を重視しないなど不可能だ。社会としても、個人としても、それを尊重しないなどあり得ない、と本書は結論付ける。

フランクファートはここで、真実が存在するのか、現実は本当にあるのか、そもそも真実とは、現実とは何か——そういう議論には入り込まない。人は、現実とは何かを知っている。自分にはどうしようもない、自分ではないものがこの世には存在する——本書は、そうした一般人のきわめて常識的な立場からスタートする。そのうえで、それをきちんと重視しない——またはそれを否定する——立場が（少なくともかれが対象読者と考える一般の常識人にとっては）まるで筋が通らないことを論証しているわけだ。

本書の評価：出版当時

この本に対する評価は、絶賛ではなかった。

前著『ウンコな議論』に対しては、これまでだれも真面目に考えなかったことに着目して、それをきちんと考えたということで、売り上げのみならず内容的にもかなり肯定的な評価が多かった。同時に、それが bullshit という準放送禁止用語を正面きって出してきたおもしろさも、多くの評者たちを喜ばせた。先ほど、『ウンコな議論』に対する書評が、ともすれば評者の政治的見解の開陳に堕しているることが多かったと述べた。でも同時に、評者たちも普段は決して著述で使うことのない bullshit という用語（多くの一流メディアでは「shit」という言葉を紙面に載せることさえいやがる）をおおっぴらに使える機会に嬉々としていた。

それに対してこの『真実について』は物足りないという評価が多かった。まずその中身だ。真実とか事実というのはもちろん、はるか昔から哲学の大きなテーマではあった。それについて、こんな短い本ですべて語り尽くせるはずもない。だがそれにしても、あまりに議論が限られているのではないか？　これだけで「真実について」を名乗るのは、あまりにおこがましいのではないか？　カントのあの議論はどうした？　だれそれのこうした主張は？　そして扱っている部分にしても、あまりに流しすぎではないだろうか？　こうした批判が様々な主張に見られた。

　さらにつっこむならそもそも本書の議論は、現実や真実が厳然として存在することを認める立場から始めている。事実や真実の定義はしない、常識的にそれはわかるはずだ、というのが本書の出発点だ。でも批判している人々は、そもそもそういう常識的な立場を否定するところから入っているのではないのか？　事実や真実が常識的にわかる人は、言われなくてもそれが価値が高く重視すべきであることを知っているはずではないか？　一方で現実がないという立場の人たちに対して、「ある」という立場から何を言ったところでそれは有効な反論と言えるのだろうか？　だいたい反論というのに本書には、具体的にだれのどういう批判に応えるものなのか、まったく挙げられていない。本書の議論はすると、ありもしないでっちあげの仮想敵をたたくような、いわゆる藁人形論法になっているのではないか？

こうした批判を述べつつ、最後は本書が『ウンコな議論』の商業的な成功を見て柳の下のドジョウを狙った、便乗本的な性格を持つことを揶揄して書評を終えるのがありがちなパターンではあった。そして確かに、こうした批判は決してまちがってはない。確かにそのとおり、お説ごもっともではある。

でもその一方で、フランクファートだって偉い哲学者だし、その程度のことはわかっているはずだ。にもかかわらず、なぜかれはこんな主張をしてみせたんだろうか？　それにはかれの思想を少し理解する必要がある。

ハリー・G・フランクファートの思想

以下の説明は既訳『ウンコな議論』『不平等について』の焼き直し短縮版であ

る。同じ人物について、そうそうあれこれちがった説明ができるものではない一方で、別の本の説明を読んでくれと言っても、なかなかそこまで手間をかけてくれる人はいない。だからすでにお読みの方は、繰り返しになるのでこの部分は飛ばしてほしい。

さてハリー・G・フランクファートは、すでに述べたとおり一般には道徳哲学の重鎮とされている。現在プリンストン大学の名誉教授だ。哲学に手を染めた一九六〇年代には、デカルトの合理主義に関する研究で名前を揚げた。でもその後、神の全能性といった問題に関心を移し、やがて道徳的責任や自律性の問題を扱うようになり、この分野で大きな貢献をしている。中でも最も有名で影響力のある業績は、自由意志と責任の問題に関する考察となる。

自由意志と道徳的責任

一般的に言って、ある行動について人に道徳的責任があるとはどういう意味だろうか？　人の自律性とはどういうものだろうか？　一般には、選択肢が複数あってその中からその人物が自分の意志で自由に選んだ場合にのみ道徳的責任が発生すると考えられている。他に手段がなかったら、何かをやっても道徳的な責任はない。

でもフランクファートはこうした「選択の余地がないのに／いや選択の余地がないからこそ、その人に責任がある」という状況をいくつか考案して、この立場に反論してみせた。くだらない例で恐縮だが、日本の誇る殺し屋デューク東郷ことゴルゴ13は、背後に人が立つと反射的に殴ってしまうという。それはゴルゴにとっては反射的で、自分でも抑えられず、選択の余地はない行動だ。でもそこにかれの自由意志が作用しておらず、責任もないと言えるか？

そうではない、というのがフランクファートの議論だ。かれはまさに、そうした行動を反射的に取り、他に選択の余地がなくなるよう自分を自由意志で条件付けていった。場合によっては選択肢がないことこそその人物の自律性であり自由意志なのだ、とフランクファートは論じた。

哲学の一派には、すべては因果律に基づいて決まっているのだ、という宿命論的な立場もある。この立場によれば、人には実は選択肢はなく、何かを人がやるのは選択の余地のないことだから、そこには自由意志もなく、責任も発生しないことになってしまう（こういう説を本気で主張する人々はいる）。

でも、フランクファートの事例では、選択の余地がなくても、自由意志は作用していることになる。因果律による決定論と自由意志は両立できる！　これにより、フランクファートは両立主義と言われる立場の重要な論客となった。

高次意志の重要性

そして最近のフランクファートは実用的な規範性の問題を扱うようになっている。要は、「人はいかに生きるべきか」という問題に正面から応えようというわけである。これに対する答えはいろいろあるわけだが、この問題に対する哲学分野からの（一つの）答えが道徳だ。道徳というのは、まさに人がどう生きるべきかという議論に他ならない。が、フランクファートはこれまでの道徳というものが、実用的な規範をきちんと提供してくれない、と論じる。

なぜかと言えば、これまでの道徳は一般性や普遍性を重視してきたため、不偏不党の大原則をふりかざすような話になりがちだったからだ。だが、「人はいかに生きるべきか」という問題を人々（たとえば不肖の訳者や読者諸賢）が実際に考える状況というのは、そうした一般性や普遍性では片付かない、きわめて個人的で個別性の強い問題に直面したときだからだ。人は普通にゴミを出したり顔を洗ったりするときに「人はいかに生きるべきか」なんてことを考えたりはしない。こんな話が問題になるのは、その人が何かジレンマ――大きな道徳的な原則と、家族や友人への配慮との板挟みなど――に直面したときしかない。そこで原則を改めて唱えたところで、何の助けにもならない。そんな道徳は実用的な規範の問題には十分に応えられない。合理性に基づいて矛盾のない体系を作り上げることで、人や社会にとって望ましい合理的な規範ができるという発想を、フランクファートは否定する。

では、そうした規範を与えてくれるのは一体何なのか？　フランクファートは意志だと述べる。意志というのは、ここでは欲望や願望と同じだ。もちろん食欲や性欲その他の欲望は人間以外の動物にも(たぶん)ある。だがフランクファートに言わせれば、人間にとって重要なのは、その次の段階なのだ。人はどんな欲望を持ちたいかという欲望を持つ。人間は、悪事をはたらきつつ、悪事をしたがる自分を恥じたりする。自分がそういうことを望む人間になりたくないと思う。それが人間の特色であり、そうした欲望についての欲望または意志こそが、人のアイデンティティ——その人が何者であるか——を規定する、とかれは述べる。

フランクファートはこれを二次的な欲望と呼んでいる。欲望についての欲望だから、人によってはメタ欲望とでも呼びたくなるかもしれない。あるいは、高次の意志という言い方もある。これが、フランクファートの議論の中心となる。

たとえば道徳的責任の話で見よう。この解説を締め切りに間に合うように書いて約束を果たしたい、という欲望がこの訳者には一応あり、その一方で怠けてゴロゴロしていたいという欲望もある。このとき、前者の欲望に従うような人間でありたいという二次的欲望を持つことが道徳的責任の議論では重要だ。もちろん、約束を守りたいと思いつつ、ついつい怠けてしまう人は（この訳者を含め）たくさんいる。しかしそれは道徳的責任において、約束を守りたいと思っていない人間とは扱いがちがう。

さらに意志の自由（これが自由意志と同じか、というのは微妙なところではある）。自分のやりたいとおりに行動できるのが、行動の自由である。同様に、意志の自由というのは自分の持ちたい意志（つまり高次意志）を持てるということだ。自分の持ちたい意志が持て、自分の取りたい行動が取れる人間こそが最大限の自由を持っている。そしてこの意味で、さっき挙げたゴルゴ13は、完全な自己防衛を維持したいという高次意志に忠実に従うことができている以上、自由意志に従っていることになる。

道徳と規範：愛と気遣い

でもそれを言い始めたら、高次意志についての意志、さらにその上の意志、と無限後退ができてしまってきりがない。では、最終的にどう生きるべきかを決めるのは何か？　それは……何かを大事に思うという気持ちだ、とフランクファートは論じる。それを愛と呼んでもいいだろう。愛、というと日本語ではロマンチックな連想が強いが、ここで言われているのはそういうものではなく、昔キリスト教の宣教師が「お大切」と訳したような、何かを気にかける感情全般だ。何かを大切だと思うのは、必ずしも理由があるわけではない（別にあってもかまわないが）。そしてそれ自体はコントロールできない。何かを大切に思うなら、それを保存繁栄させるためには自分がどういう欲望を抱かなくてはならないかは自然に決まってきてしまう。つまり愛にこそ、実用的な規範性の源泉があるのだ、とフランクファートは論じている。

そしてそれを認めたとき、人はもう、なぜ自分はこうすべきなのかとか、ああすることは正しいのか、といったことを考える必要がなくなる。別に外部に何か規範や原則があるから何かをすべきなのではない。好きになったらしょうがないではないか。何かが大切だと思うのは止められないではないか。それを外部の理由付けであれこれ左右しようとするから哲学は迷い、不毛に陥ってしまうのではないか。すべては自分の中から発するのだ、ということを認めようではないか！

もちろんこの議論自体について、それがどうした、という疑問は当然抱かれるべきであろう。フランクファートのような考え方はあるだろうし、それはそれで結構。でも一方で、それはフランクファートがそう思っているだけであって、別に証明も何もしようがない。さらに、それが仮に証明されたとしても、それに何の意味があるのか？　そんなことは哲学者があれこれ言うまでもなくみんな自然にやっていることではないのか。それもまさにそのとおり。だが一部の人はこうした発想に救いを見い出すかもしれない。自分の行動の根拠を外部の何らかの基準に求めようとし、整合を取ろうとする無駄な努力から解放され、迷いを抜け出して真に意味のある内省に向かえることになるかもしれない。この評価については、読者諸賢それぞれの手にゆだねるしかあるまい。

本書の位置付け

いまのフランクファートの話が、本書『真実について』の議論とどう関係するのかについては、なんとなく話の端々からも見当がついたのではないだろうか。

結局のところ、それは自分というもののありかたに関わってくる。

まず、フランクファートが「真実とは〜」といった大上段の議論から入らず、人が常識的に理解している真実や事実の認識から入っているというのが、本書に対する批判の一つだ。でもフランクファートにしてみれば、それは批判には成り得ない。そうした大きな原理から入るような考え方が役に立たない、というのがかれの思想の柱だからだ。

実際には、口では事実や真実を否定する人ですら、身の回りで起きていることの現実性をまったく当然のこととして受け入れている。平気で電車に乗り、会社に行き、ご飯をたべて便所に行く。そんな現実は存在しないといってご飯をたべなければ、だいたいはお腹が空いて、いずれ死ぬ。「それもまた幻」とうそぶく立場もあるだろうけれど、それが屁理屈の強弁以上のものだとは思えない。かつて吾妻ひでおは「牛のような強固な現実ですら一撃で倒せる妄想力」を夢想したけれど、現実には牛はなかなか倒れてくれないのだ。

仮にいまこのまわりにあるすべてが幻想だったとしても、ぼくが思うだけで勝手に変わるようなものではない。ぼくはそれを相当部分まで、所与のものとして扱わざるを得ない。それが本当に本当で本物の現実かどうかは、疑問の余地はあるのかもしれないけれど、それが空しいお遊び以上のものだとは思わない。

本書の議論の多くは、功利主義だ。真実や事実は、実用的に、自分にとって役立つ。それもまたかれの思想だ。フランクファートは、実用的な規範を重視する。抽象的な概念をふりかざして、それを根拠にあれこれ論じても仕方ない。現実や真実が、自分にとってどう役に立つか、自分がなぜそれを気にしなくてはならないか——フランクファートは、それを徹底して重視する。自分が自分の真の望み——高次の欲望で求めているもの——を追及し、なりたい存在に近づくことが重要だ。真実も事実も、その目的に奉仕するからこそ重要なのだ。

文中で、フランクファートはしきりに、事実や真実を「気にかける」という表現をする。真実も事実も、人々が気にかけるからこそ重要なのだ。あるいは、気にかけることを実現するために不可欠だからこそ重要なのだ。という形で進む。途中に出てくるスピノザの議論は、気にかけることを実現するという観点から、人が真実や事実を重視しなければならないということを示すものだ。

そして最後の部分はその気にかける「自分」に関するものだ。自分というものは、何もないところにほわーんとあるわけではない。自分は、自分以外のものとの関係ではじめて存在できる。自分が気にかけるものも、自分ではないものがあるからこそ存在できる。自分が勝手に思うだけで何でも実現したりはしない。だからこそ、努力したりすることで自分を現実のほうにあわせる。すべてが自分の妄想でしかないなら、自分というものはあり得ない。自分が気にかけるものというのも結局は自分でしかなくなってしまう。

そんなことはあり得ない。完全に自閉した自分だけの世界なんてものは成立し得ない。現実を否定し、真実を嘲笑する人々は、「自分に忠実に」などと言う。でも現実や真実がないところには、その「自分」すらあり得ない。

これで、かれの主張はおおむねご理解いただけただろうし、また本書の主張がその中にどう位置付けられるかもわかっただろう。実用的な規範が重要であること、自分が気にかけるものが重要であり、そしてそのためには、自分と、その気にかけられる自分以外の何かがいるということ。これがフランクファートの思想の中心にあり、そしてそれを成立させるためにも現実や事実は絶対にあるのだ。本書の議論は、少なくともこの訳者が見る限り、フランクファートの思想的には決して不十分なものではない。

「ポスト真実」「代替事実」？

とはいうものの、本書は『ウンコな議論』のようなベストセラーにはならなかったし、そんなに話題にもならなかった。フランクファートの思想的にはオッケーでも、別にそれがこの問題についての有無を言わさぬ決定打というわけではない。結論的にも、要は「真実や事実は大事だし、それを粗末に扱ってはいけないよ」という話ではあって、それをいちいち説明してもらう必要も多くの人は感じなかったのかもしれない。そして『ウンコな議論』のようなニヤリとさせられるおもしろさもなかった。

そしてこのフランクファートのモノグラフシリーズも、次作は『不平等論』となり、別の方向へと向かった。

でもその一方で、現実はしばしばフィクションを凌駕して変な方向に向かう。二〇〇六年の刊行時にフランクファートが危惧していたのは、思想や哲学分野での事実・真実の軽視をめぐる話だ。でもいつのまにか事態は、それをはるかに超えて広がってしまったとすら言える。

それはもちろん「ポスト真実」とか「代替事実」とかいうご託の話だ。一〇年後に本書を読む読者のために書いておくと、「ポスト真実」という用語自体はウィキペディアの記述によれば、二〇一二年あたりに共和党の経済政策をめぐる発言のデタラメぶりを揶揄するとき、ポール・クルーグマンがコラムで使ったのが発端らしい。でもそれが「代替事実」という表現とあわせて爆発的に広がったのは、本稿執筆当時のアメリカ大統領ドナルド・トランプ周辺のおかげだ。

二〇一六年のアメリカ大統領選挙で、主流メディアや評論家の予想を完全に覆す形で大統領に選出されたドナルド・トランプは、ありとあらゆることを自分の都合のよい形でねじまげる――どころかまったくでっちあげてしまうので有名だった。就任式で集まった聴衆がかなり貧相だったのに、「オバマを上回った！見ろ」と強弁し、それを否定されるとツイッターで「フェイクニュースだ！でっちあげだ！」と騒ぎ立てた。

さてこの就任式の聴衆数についての明らかなウソは、大統領の報道官の公式発表として行われた。そして二〇一七年一月にそれをテレビで追及されたとき、ホワイトハウスの上級職員だったケリーアン・コンウェイは「それはウソではない。Alternative fact を提供したのだ」と言ってのけたのだった。

Alternative fact。代替事実。聴衆の数という話であれば、数える範囲を限れば、とか計測方法が、といった言い逃れもあっただろう。でも「代替事実」。これは、その主張が事実の一種なのだと言いたいのだろうか、それとも事実ではないと言いたいのだろうか？　ぼくはこれを聴いて卒倒しそうになった、というのはウソだが、あんぐりしてしばし二の句が告げなかった、というのは本当だ。

そしてこれと並行した表現として「ポスト真実」も一気に広まった。トランプは事実を無視し、自分に好意的なフォックスニュースだけを信じ、そのフォックスニュースはトランプの発言をそのまま流すだけ。おかげでかれは、実際の世界とはまったく切り離された、別の「真実」で構成されるあぶくの中に住んでいるのだ、というわけだ。

その一方で実はアメリカメディア（特にリベラル系）は、トランプに「フェイクニュース！」と言われても、それを蹴り飛ばせない弱い立場にあった。大統領選のとき、あらゆるメディア予想や評論家の予想は、トランプなんか絶対勝てないと断言していた。でもふたを開けてみたら、実際には正反対の結果になった。メディアが報道していたものは、一体何だったのか？　かれらが報道していたものこそ「代替事実」だったのではないか？　その連中が、どのツラ下げてトランプの「代替事実」や「ポスト真実」をバカにできるのか？

そしてそれに限らずメディアには歪曲がある。たとえば右派系メディアは、地球温暖化やその人為的起源を否定するような論説を、ろくに中身も見ないで嬉々として報道する。これに対しリベラル系メディアは、まったく現実味のない再生可能エネルギー計画だの、何の意味もないパリ協定だのを仰々しく報道してみせる。そして両者とも、きわめて稀な事件（ちょっとしたテロや根拠のない公害や薬害説）を仰々しく報道することで、世間の不安をあおり、統計的に見て正当化されるものとはかけはなれた世界像を描き出している。

どちらも、明らかに変な世界に住んでいる。本当の事実や真実がそこでは必ずしも尊重されていない。アメリカの裁判で証言するときの宣誓は、自分は真実を語り、真実だけを語り、真実のすべてを語る、というものだ。真実／事実でないこと、あるいは真実にウソをブレンドしたもの（詐欺師の王道だ）、あるいはごく一部だけを切り取った真実は、語ってはいけないということだ。そういう規範が、必ずしも遵守されていない。たぶんトランプ勢は、かなり意図的にやっているのだろう。トランプ当人はともかく、周辺の人々がそこまで無知無能なわけはない。たぶん無恥なだけだろう。逆にメディアは、自分の読者にアピールするものを無意識に選んでいるうちに、知らず知らずのうちに変なポスト真実の世界に踏み込んでしまったのだろう。

でもその過程で、人々は真実や事実を軽視していいとなんとなく思うようになっている。いやもちろん、みんな口では「いや事実は大事です、真実は大事です」とは言う。でもよく見ると、それがかなり選択的だったりする。自分にとって都合のいいときは真実や事実は大事だけれど、自分に都合の悪い「真実」「事実」は、なにやらイデオロギーに基づく攻撃と思いこんでいいと思っている。

さっき、事実や真実を否定する思想的な流れを紹介したとき、それがきわめてイデオロギー的な性質を持つと述べた。どんな考え方や見方（つまりは「真実」「事実」）も平等な価値を持つのであり、それを否定するのはグローバリズムの植民地主義の差別主義者だ、というわけだ。ならこの自分が、無根拠な思いこみで抱いている見解が「まちがっている」とだれに言えよう？　ニセ科学だろうとデマだろうと、自分の素直な実感にあった話をのびのび自由にツイートしまくって何が悪い？　それにケチをつけるのは、自分の自由な意見を持つ権利の否定だ！弾圧だ！　差別だ！　ヘイトスピーチだ！

そして挙げ句の果てに、話はもはやメディアの偏向だの政府の偏向だのを超えた話になりつつある。二〇一五年あたりからアメリカの一部の大学では学生は、自分の意見や「おもい」を（それがどんなにインチキで泣き言めいたものだろうと）否定されない権利を要求し、それに基づき自分の見解に反する主張や講義内容、果ては講演すらキャンパスから排除するよう求めたりしている(そしてなんと、それが認められている!)

もちろんこのすべては、アメリカに限った現象ではない。

フランクファートは本書で、真実を軽視する傾向を懸念している。事実なんかないんだ、真実なんて自分の好き勝手な思いこみでいいんだ、という発想にこめられたニヒリズムを指摘し、それが人々にとって本当に大切なものを守ろうとするなら、絶対に容認してはならないものだということを述べている。でも、そうした事態がいまや、一部のニヒリズムに満ちたポストモダン思想といった範囲を超えて、世界の一般人が暮らす現実にまで広がっている。

そんないまだからこそ、本書でのフランクファートの主張も改めて重要性を持つ。真実や事実は、明らかに軽視されつつある。そして、その言い訳はいろいろあるだろう。ソーシャルメディアのエコーチェンバーが悪いとか、偏向したフェイクニュースメディアが悪いとか。あるいは各種分野が専門化しすぎていて、とてもすべてを理解したりはできないとか。でも、それは基本は愚痴のたぐいでしかない。状況や環境の変化で、困難になった部分もあるけれど、楽になった部分だってあるだろう。それにこれまでだって、事実や真実を見つけ出し、理解するのはとてもむずかしく手間のかかることだった。その困難を乗り越えて、人々はこれまで真実や事実を見極め、積み重ねてきたのだ。それを止めてはいけない。

そしてそのためにぼくたちは改めて、事実とか真実を重視しなくてはならない理由を、きちんと考えねばならないのだ。

ぼくたちへの含意

結局、ぼくたちは非常に情けない状況にある。そして本書の意義は、実に単純きわまる。そんな情けない状況であっても（いやそれだからこそ）真実や事実は大事なんだよ、それを尊重しようよ、ということだ。そのあたりまえの話を、改めて思い出そうということだ。

あたりまえの話ではある。でもぼくたちは、そのあたりまえの話を、改めて解説してもらわねばならないほどの頽廃とニヒリズムに直面している。

ぼくたちの多くはもちろん、事実や真実が大事だなんてことは、当然だと思っている。これはすばらしいことだ。でも、それを当然と思うあまり、なぜそれが大事なのか、と改めて尋ねられると戸惑ってしまったりする。そして、「真実なんかない」「事実なんかない」「現実の無根拠性」とかいう話をしたり顔で論じる人々や、「ポスト真実」「代替事実」なんてものを肯定的に語ったりする人々は、そうした戸惑いにつけこむ。そればかりかそうした連中は、だれも真面目に相手をしなかったことで増長して、いつのまにか幅をきかせるようになってしまっている。

本書はそうした動きときちんと対決しようとする。そんな議論がまったくの妄言であり、ぼくたちが日々生きるにあたって、事実や真実が重要な理由を改めて教えてくれるのだ。

もちろん、本書に完全に同意する必要はない。本書の主張を完全に否定する人はいないとは思う。でも、真実にはもっと他の意義や重要性があるのだ、という主張は当然あり得る。本書をきっかけに、そうした自分なりの考えをもとに、事実や真実の重要性を確信する人が増えれば、それだけ世界はよくなり、人々はもっとしっかり生きられるようになる。

真実や事実という概念自体も、変に歪められたりする。「真実は事実とはちがう」とかいう詭弁もその代表だ。何か議論をしていて、個別事実のまちがいを次々に指摘された人がときどき使う論法だ。「あれやこれやの事実がどうしたなんてのは細かい話だ、事実と真実はちがう、自分はもっと高い目線で、大きな真実に基づいた主張をしているのだ」といった主張で、何か高尚なことを言った気分になっている。

でもそんな馬鹿なことはない。本書でも、事実と真実の使い分けなどしていない。どっちも同じものだし、何か階層があるにしても、真実は事実の積み重ねから生まれるものだ。事実を否定した真実などというものはあり得ないのだ。

だからぼくたちは、そんな詭弁に耳を貸してはいけない。まして変な現実否定の相対論者や真実否定のニヒリストたちに流されてもいけない。そして何よりも、自分自身が事実と真実を重視しなくてはならない。もちろん、いつも正直でいるのは望ましくても、まあなかなか実行できるものではない。それでも少なくとも、それを気にかけるくらいはしなくてはならない——ウソをついたときに多少は後ろめたさを感じる、という意味での気にかけかたであっても。その程度の後ろめたささえなしに、口から出まかせを紡いで人を煙に巻き、操るようなことは、自分もしてはいけないし、人にもさせてはいけないのだ。

そして一方で本書は、哲学というものの役割についても、何かしらを物語るものではある。一般人の多くは、哲学なんて空理空論を弄ぶだけの、言葉と概念の重箱隅つつきのお遊びだと思っている。実用的な価値なんて皆無だと思っている。もちろん当の哲学者たちは、それがいかに認識不足であり自分がいかに重要かについて、泡をふいて論じるだろうけれど、でも実際問題として、世間的な認識はそんなもんだ。これは「現実なんてない」といった極論を弄んで悦に入る哲学者たちのせいも大きい。一方で、「空論だ」とバカにされてきたために、一部の哲学者たちはいじけて、あるいは同じ空論ならとヤケになって、変な現実否定論に走ってしまった面もあるようだ。その意味では、一部の非行と同じで、世間の無理解がそうした人々を作ってしまい、そしていまやそれにより世界が復讐されているということなのかもしれない。

でも、哲学者にも出番はあるようだ。真実や事実について正面きって考え、それがなぜ重要か考える――そんなことをしてくれる人が本当に必要となるなどと、ぼくは少なくとも考えたことはなかった。でも実際にそういう世の中がきてしまっている。そして本書では、哲学などという代物も、多少なりとも有益な役割を果たすことが改めて示されているのだ。

おわりに

本書の編集は、亜紀書房の小原氏が担当された。『ウンコな議論』と『不平等論』の間で浮いていた本書を拾い上げてくれて、ありがとう。翻訳にあたっては、手持ちの金ピカの原書（たぶん目立たせようとした結果だろう）と、もらったPDFファイルを使用している。なお文中のスピノザやリッチなどの引用は、必ずしも既存の邦訳には従っていない。

短い本だし、いささかくどい言い回しが多いとはいえ、決してむずかしい翻訳ではなかったが、思わぬまちがいなどもあるだろう。お気づきの点があれば、是非とも訳者までご一報いただければ幸いだ。明らかになった修正点などは、随時以下のサポートページで公開する（https://cruel.org/books/frankfurt/ontruth/）。

本書が、読者の皆さんによる自分なりの真実と事実についての思索をもたらし、結果としてその重視につながって、ポスト真実だの代替事実だのが少しでも押し戻されれば、訳者としてこれに勝る喜びはない。そしてそれには、他人のウソやおためごかしをあげつらう以前に、まず自分が事実と真実をきちんと積み重ねるようにする必要がある。自分に都合の悪い事実でも、ヘイトスピーチだとかナントカの陰謀だとか言って目をそらすのではなく、きちんと認めてそれを取り入れる必要がある。その実践に、本書が少しでも貢献しますように——(同時にこのぼくも、多少なりともその実践を向上させられますように!)

二〇一八年五月一六日

山形浩生 (hiyori13@alum.mit.edu)

[著者]
Harry G. Frankfurt（ハリー・G・フランクファート）
1929年生まれ。プリンストン大学名誉教授、道徳哲学。主著に『ウンコな議論』*On Bullshit*、『不平等論』*On Inequality*（共に邦訳:山形浩生、筑摩書房刊）の他、*The Reasons of Love*（Princeton University Press）, *Necessity, Volition, and Love*（Cambridge University Press）, *The Importance of What We Care About*（同）などがある。

[訳者]
山形浩生（やまがた・ひろお）
1964年東京生まれ。東京大学大学院工学系研究科都市工学科およびマサチューセッツ工科大学不動産センター修士課程修了。大手調査会社に勤務するかたわら、科学、文化、経済からコンピュータまで広範な分野での翻訳、執筆活動を行う。著書に『新教養主義宣言』『要するに』（共に河出文庫）ほか、訳書にピケティ『21世紀の資本』（共訳、みすず書房）、アカロフ／シラー『不道徳な見えざる手』（東洋経済新報社）、クルーグマンほか『国際経済学』（共訳、丸善出版）など多数。

真実について

著者	ハリー・G・フランクファート
訳・解説	山形浩生
発行	2018年7月8日 第1版第1刷発行
発行者	株式会社 亜紀書房 東京都千代田区神田神保町1-32 TEL 03-5280-0261(代表) 03-5280-0269(編集) 振替 00100-9-144037
印刷・製本	株式会社トライ http://www.try-sky.com

ISBN978-4-7505-1551-9 C0010